# 地元の小さな会社から「稼ぐ力」を掘り起こす

# ワンストップ・コンサルティングの実践

ONE-STOP CONSULTING

小出 宗昭［著］
Koide Muneaki

同友館

# はじめに――中小企業支援の最前線にいるから見えるもの

「日本経済の再生は、中小企業の活性化以外にないと考えます」

２０１３年11月12日。

私は衆議院経済産業委員会の「産業競争力強化法案」（２０１４年1月20日施行）に関する会議に参考人として呼ばれ、こう発言した。会議には、経済同友会の副会長で当時株式会社ローソン代表取締役ＣＥＯだった新浪剛史氏や経団連の副会長、連合の事務局長などが出席していた。

言葉を続けた。

「中小企業の活性化に関しては、経済産業省も中小企業庁も重要だとの認識で、さまざまな施策や制度などハード面を充実してきました。それらは非常によくできており、完璧に整備されています。しかしながら、期待した成果が出ていません。その原因はどこにあるのでしょうか。

私は12年、公的中小企業支援の最前線で活動してきました。その立場から私としては支援する側に立つ「人材」に大きな課題があるのでは、と考えています。日本企業の99・7％を占める中小企業に対して効果的に支援を行い、成果を上げられる人材の育成、輩出が重要であり、そうした人材のいる拠点を増やすことが、今の日本の大きな課題であると認識しているのです」

**日本の中小企業を元気にする。それが日本経済再生の切り札であり、自力で再生できない企業がほとんどのなか、彼らを支援する人材を育てることが急務であると訴えた。**

委員である衆議院議員の皆さんは身を乗り出すように聞いている。「じゃあ、どうやって中小企業を活性化するのだ？」という顔だ。

「中小企業の支援とは、ビジネス的に考えれば単純明快。１００％の中小企業は経営的な課題、問題点を抱えております。同時に、すべての企業が今よりもよくなりたいと考えているはず。ならば、我々のような公の支援機関がなすべきことは一つ。その悩み、課題を解決するための支援、つまりビジネスコンサルティングを行うことです」

全国には、都道府県や市区町村など地方自治体や、各種団体が運営する産業支援機関が数多ある。これらの機関が地元の中小企業に対して適切なコンサルティングを行えば、地方経済が活性化し、日本全体の底上げにつながるのだ。中小企業支援にあたるべき人材は、支援センターだけでなく、商工会議所や金融機関などの人間も含まれる。

支援機関が期待されるほどに機能していないのは、そこに相談に行っても自社の状況がよくなるという実感を得られないからだろう。どんなに制度やハードが充実していても、成果が得られなければ意味がない。

**全国の中小企業が求めているのは、アドバイスではなく具体的な解決策であり、「こう**

**すれば儲かる」という戦略なのである。**

**売上が伸び悩んでいる中小企業を「稼ぐ会社」「儲かる会社」に変えられるか。私が15年かけて取り組んできたことは、これに尽きる。**

実際、現在私がセンター長を務める富士市産業支援センター（通称ｆ‐Ｂｉｚ）に来場される企業の相談内容の90％近くが「売上アップを図りたい」というものだ。

ｆ‐Ｂｉｚでは月間４００組近くの相談を受けることもあるが、７割の確率で成果（売上向上）を出している。

どうやって「儲からない会社」から「稼ぐ会社」に導いているのか。ここで、実際の相談シーンを再現してみよう。

やってきたのは、富士市の防音設備メーカー「幸昭」の皆さんだ。沈痛な面持ちに、事の重大さを面談前から感じた。

「工場用の防音設備を中心につくっているのですが、工場がどんどん閉鎖され、需要が減ってしまい売上が激減し、もはや倒産寸前です」

「それは大変な苦境ですね。でも、どこかにかならず突破口があるはずですから、一緒に考えて知恵を絞りましょう！」

落ち込んでいる相手を力強く励まし、まずは事業内容とこれまでのいきさつを詳しく教えてもらう。

1979年、工場や発電所などの騒音対策を行う会社として創業。当時、富士市の製紙業は全盛期で、24時間操業する工場の騒音を防ぐため、どこの工場も防音設備の導入に熱心だった。「黙っていても仕事が舞い込んできた」という。

しかし、不景気や、パソコンの普及でオフィスのペーパーレス化が進むと、頼みの製紙業は衰退。同社の仕事も激減した。ピーク時には数億円あった売上高は9000万円までに落ち込み、このままでは倒産してしまう。最後の頼みの綱だとf-Bizにやってきたとのことだった。

私は話をうかがいながら、一つヒントを見出していた。

「防音」が必要な場所は、なにも工場だけではないはずだ。

「たしかに工場向けの防音防振マーケットは縮小していますが、逆に拡大しているマーケットがありますよ」

どういうことだろうと驚く彼らに対し、続けた。

「ライフスタイルの多様化によって集合住宅などの騒音問題は増えている。つまり、防音に対する市場ニーズは逆に高まっているはずです」と。

さらにこう提案した。「工場で発生する音や振動は究極の騒音。それを徹底的に減少させる技術はきわめて高いものだと思います。その高い技術を住宅用に応用すれば相当大きな防音効果が期待できるのではないでしょうか」

ターゲットを、これまでの工場から住宅に思い切って切り替えてみてはどうかと考えたのである。

すると、深くうなずいて聞いていた同社の皆さんはこうおっしゃった。

「これまで一般住宅の防音対策は音響機器メーカーが扱うことが多かったが、我々が培ってきた技術と根本的に考え方が違い、従来の防音対策よりもかなりの効果が上がるはずです」

そのしくみとは、建物内の音は壁や床を振動させて伝わるのだが、従来の防音対策は壁を分厚くするなど、振動しない堅固で重い構造にするのが一般だった。幸昭の技術は、床や壁、天井にパットを敷き詰めることで多くの空洞ができ、その空洞が音の振動を吸収するというもので、同社は「相手の力を受け流す合気道の極意を応用した」という。これにより、音を生む振動エネルギーを約80％遮断できる。

しかも、従来工法に比べ、約3割のコストダウンになるうえ、工期も短縮できるというから、騒音トラブルになりがちな音楽スタジオやカラオケ、ホームシアターなど大音量を出したい個人住宅などにとっては実現できれば嬉しい限りに違いない。

しかし、問題はどうやって一般住宅や音商業施設に売り込むかである。これまで工場向けの防音防振しかやったことのない会社に、一般の消費者やスタジオなどが仕事を依頼するとは思えない。ＢｔｏＢから、いきなりＢｔｏＣに転換するのは至難の業である。したがって、サポートする側としては、同社と一般消費者を結びつけるところまでやらないと成果に至らないのだ。

私はまず、戸建て住宅に住まう人たちが音の問題を抱えたときに、誰に相談するのだろうと考えた。その住宅を建てたハウスメーカーや工務店、あるいはリフォーム会社が考えられるだろう。ならば、一般消費者に直接アプローチするのではなく、それらの企業に売り込みを仕掛けるのが効果的だ。そして、ハウスメーカーや工務店に、施主（建主）への付加価値サービスとして幸昭の商品を提供してはどうかと提案した。

住宅への施工が容易な防音材を開発してもらい、サービス名は「救世主」にもじり、その名も「救静主」。これを住宅メーカーや工務店、商業施設などに営業攻勢をかけると、マンションや音楽スタジオ、特にカラオケチェーンからの受注が大きく伸びた。

そして、リーマンショック後の２００９年６月期に９０００万円にまで落ち込んでいた売上高は、14年６月期には創業以来最高売上高の２億９０００万円を記録し、見事、Ｖ字回復を果たしたのである。

**倒産寸前の会社を「稼ぐ会社」に変える。それはつまり、企業の真の強み・セールスポイントを発見し、最も効果的な形で商品やサービスに転換させることであり、それを求め**

**るターゲット層に確実に届けるための工夫をすることなのである。**

そして着目していただきたいのは、この再生にかけた費用は新サービスをＰＲするためにつくったチラシの紙代と印刷費程度。**「カネをかけずにビジネスの流れを変える」のが私のポリシーであり、資金不足の中小企業支援において求められる重要なポイントなのである。**

冒頭の衆議院経済産業委員会でも、実際の支援事例を挙げながら、私が実践している「中小企業支援」の方法を紹介させていただいたところ、参考人のなかでいちばん質問が多かった。それだけ、皆、具体的な支援方法を求めているということだろう。

今、企業支援に携わる人たちの間では「ｆ－Ｂｉｚモデル」という言葉がキーワードになっている。

「ｆ－Ｂｉｚモデル」とは、富士市産業支援センターｆ－Ｂｉｚの企業支援のあり方をモデルとして、自分たちの機関や行政に取り入れようという動きのことである。

すでにｆ－Ｂｉｚは、経済産業省が全国に整備する経営相談所「よろず支援拠点」のモデルにもなっており、ｆ－Ｂｉｚのしくみを参考にした支援機関が全国に増えつつある。

本書では、ｆ－Ｂｉｚで行っている中小企業支援のノウハウを実践的に開示する。支援者に必要な心構え・求められる資質から、企業の強みを発見するポイント、どうしたら売上を伸ばせるのかの戦略提案、効果的なPR手法、さらには、日頃からコンサルティング力を磨くための情報活用術についても詳しく述べたい。

中小企業は、地域の経済や雇用を支える極めて重要な存在であり、「地方創生」を実現するためには、この活性化が絶対不可欠である。

これから順を追って説く、「儲からない会社」を「稼ぐ会社」に変える方法が、中小企業支援や地域活性に取り組む人たちの支援力強化につながれば幸いである。

目次

## 第3章 行列のできる支援拠点になる！ 小出流 創業・経営支援ノウハウ

# 第1章

# 地域金融機関が地域経済を救う！企業側のニーズに合わない「的外れ」な取組みをしないために

## 日本経済再生の最大のカギ

安倍政権の経済政策「アベノミクス」により、大手企業の業績改善が鮮明になってきた。たとえば、東証一部上場企業の決算発表の集計では、2014年3月期は経常利益の合計額が前年同月期に比べて47・5％増と、大幅な増収増益を記録した。さらに2015年3月期には税引後利益の合計が初めて20兆円を超えた。

消費税増税の影響がどう出るか、また、業績予想の前提となる為替水準（2015年11月現在、1ドル＝120円程度で推移）がどうなるかにより、状況は変わってくるにしても、中小企業の現状とは大きな落差がある。

日本の企業数の99・7％を占める中小企業。私は、おもに地方の中小企業、小規模事業主の経営支援を行っているが、その現場から見て、アベノミクスの恩恵はいまだに届いていないのが実感だ。それればかりか、日本は少子高齢化やそれにともなう国内需要の減少、海外との競争激化、国内産業の空洞化といった社会構造と経済状況の変化により、ますます厳しい経営環境になっている。

中小企業・小規模事業者の経常利益の推移を見てみよう（**図表1**）。

これは2007年の第4四半期を100として見た図表であるが、まず、製造業では2008年のリーマン・ショックの落ち込みから2010年に72・5まで持ち直すも、東

## 図表１　業種別・企業規模別に見た経常利益の推移

| | | 製造業 | | 非製造業 | |
|---|---|---|---|---|---|
| | | 中小企業 | 大企業 | 中小企業 | 大企業 |
| 2007 | Ⅰ | 95.1 | 98.2 | 98.4 | 99.4 |
| | Ⅱ | 98.5 | 102.4 | 101.4 | 100.7 |
| | Ⅲ | 99.2 | 101.3 | 102.1 | 100.8 |
| | Ⅳ | 100.0 | 100.0 | 100.0 | 100.0 |
| 2008 | Ⅰ | 100.4 | 95.2 | 91.1 | 96.4 |
| | Ⅱ | 98.7 | 91.6 | 89.6 | 97.4 |
| | Ⅲ | 91.8 | 85.9 | 86.0 | 92.9 |
| | Ⅳ | 73.7 | 59.3 | 80.0 | 84.5 |
| 2009 | Ⅰ | 36.5 | 32.4 | 74.1 | 79.3 |
| | Ⅱ | 11.2 | 11.2 | 67.3 | 72.4 |
| | Ⅲ | 2.5 | -0.1 | 68.0 | 69.7 |
| | Ⅳ | 10.7 | 14.1 | 75.0 | 74.0 |
| 2010 | Ⅰ | 37.4 | 38.8 | 76.7 | 74.5 |
| | Ⅱ | 55.0 | 52.8 | 85.7 | 79.3 |
| | Ⅲ | 66.1 | 62.5 | 85.5 | 84.8 |
| | Ⅳ | 72.5 | 64.6 | 90.3 | 91.6 |
| 2011 | Ⅰ | 67.5 | 63.2 | 97.9 | 95.7 |
| | Ⅱ | 60.8 | 61.5 | 87.7 | 96.1 |
| | Ⅲ | 57.1 | 59.0 | 87.9 | 95.0 |
| | Ⅳ | 51.7 | 55.6 | 88.0 | 93.3 |
| 2012 | Ⅰ | 56.3 | 55.2 | 93.2 | 94.9 |
| | Ⅱ | 63.0 | 54.1 | 100.2 | 96.4 |
| | Ⅲ | 63.0 | 53.8 | 100.9 | 99.1 |
| | Ⅳ | 59.7 | 58.2 | 100.5 | 100.1 |
| 2013 | Ⅰ | 61.5 | 63.0 | 97.2 | 100.7 |
| | Ⅱ | 60.9 | 72.8 | 93.7 | 107.5 |
| | Ⅲ | 59.1 | 80.0 | 98.2 | 109.7 |
| | Ⅳ | 67.1 | 88.3 | 99.6 | 114.6 |
| 2014 | Ⅰ | 74.4 | 87.9 | 109.5 | 121.1 |
| | Ⅱ | 71.3 | 86.5 | 111.8 | 125.2 |
| | Ⅲ | 75.4 | 89.6 | 111.6 | 125.9 |
| | Ⅳ | 74.7 | 94.8 | 118.5 | 125.4 |

資料：財務省「法人企業統計季報」
（注）１．ここでいう大企業とは資本金１億円以上の企業、中小企業とは資本金１千万円以上１億円未満の企業をいう。
２．指数は後方４期移動平均値。

日本大震災の影響で再び落ち込んだ。その後、少しずつ回復したり低迷したりしながらも2014年には74・7まで回復している。非製造業についても、同じような状況である。しかし、大企業に比べると改善幅は低水準であり、改善が遅れている感は否めない。

輸出の割合が高い大企業では円安効果が大きく出やすいが、逆に中小企業にとっては原材料費価格の高騰を呼び、収益環境を悪化させる要因となっている。また、販売価格への転嫁が十分にできていない可能性もあるだろう。

わが国経済を支える中小企業・小規模事業者が厳しい経営状況にある限り、真の景気回復は望めない。いかにしてその潜在力・底力を掘り起こし、ふたたび活性化させるかは、日本の最大の課題であり、ひいては、中小企業・小規模事業者を取引相手に抱える金融機関にとっても最優先で臨むべき課題なのである。

## 公的支援機関は宝の持ち腐れ

これまで政府は何も手を打ってこなかったわけではない。むしろ、積極的にさまざまな中小企業政策を打ってきた。

たとえば、中小企業経営力強化資金融資制度、中小企業成長支援ファンド、創業促進補助金、新事業創出支援事業、経営革新等認定支援機関、支援ポータルサイト「ミラサポ」、小規模企業共済制度、中小企業海外展開等支援事業、ものづくり中小企業・小規模事業者等連携創造促進事業……などなど、挙げたらきりがない。

創業したい、新分野に進出したい、他の事業者との連携や地域資源を活用し、新たな取組みをしたい、知的財産を活用したい、新たな設備を導入したい、技術開発に取組みたい、経営の効率化を図りたい、海外に事業を展開したい……など、経営者がぶつかるであろう、ありとあらゆる課題に対して、利用できる支援制度が用意されている。

施策の豊富さでいえば、これ以上何を望もうか、というくらい充実している。こんなに手厚く整備されているのであれば、さぞかし中小企業や小規模事業者の経営改善にひと役買っているに違いない。そう思うのだが、実際は違う。どれも期待した効果が上がっていないのである。

２０１２年8月に試行された中小企業経営強化支援法にもとづき、中小企業の支援を目的として国から認定された支援機関についても同様なことがいえる。

認定支援機関とは、税理士、会計士、弁護士、中小企業診断士、コンサルタント、金融機関などで、全国に2万を超えている。しかも、サポート制度も充実しており、経営改善が必要な厳しい状況にある中小企業でも、負担を相当抑え、利用しやすい配慮もなされている。

コンサルティングのプロが多数認定され、サポート機能も充実しているのだから、有効に機能していれば、かなり充実した支援活動が行えるはずである。また、それによって、

**図表2　2012年に経営基盤の強化に向けて注力する分野（複数回答）**

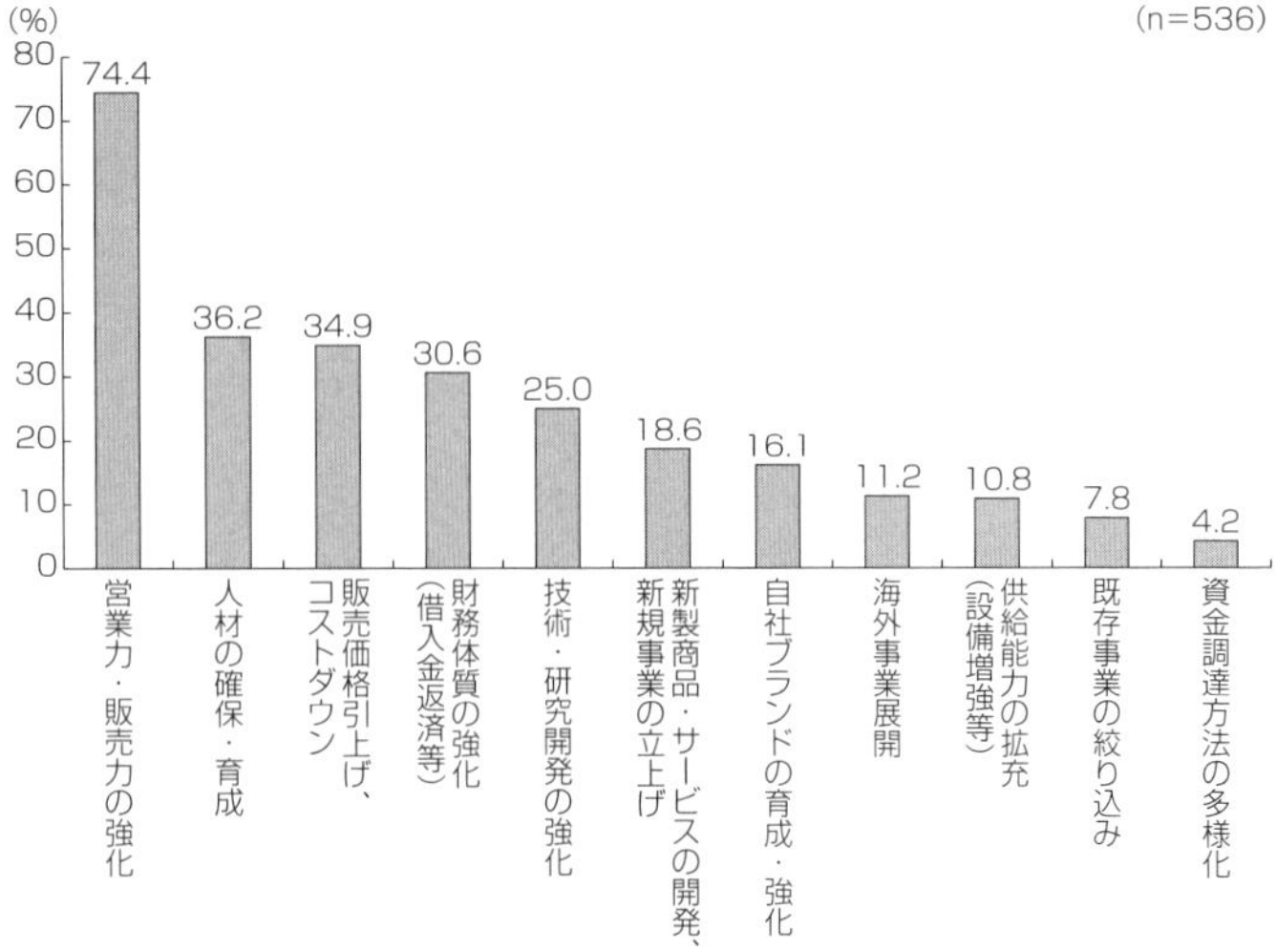


資料：（株）日本政策金融公庫「2012年の中小企業の景況見通し」（2011年12月）
（注）調査対象は、三大都市圏の（株）日本政策金融公庫の取引先。

中小企業の活性化になにがしかの効果をもたらしているはずだ。しかし残念ながら、実際にはそうした実績は期待されるほど上がっていない。

はっきりいって、宝の持ち腐れ状態が長く続いていた。なぜならば、あまり効果的に利用されてこなかった、あるいは認知されていなかったからだ。中小企業経営者はほぼ100％といっていいくらい、さまざまな経営課題（**図表2**）を抱えているが、「どこに相談すればいいかわからない」という。支援機関の存在を知らないのだ。足を運んでみたものの期待する対応を得られず利用するのをやめてしまった経営者もいただろう。

**図表3**を見れば、その実態が明らかだ。

定期的な経営相談を行っている中小企業経営者は35・7％止まりで、その相談相手は多岐にわたっている。顧問弁護士や会計士がもっとも多く、公的機関にあたる商工会・商工会議所は4・5％にしか過ぎない。

既存の支援機関は「補助金などの支援策もいろいろありますから、相談ごとがあれば自分たちから来てください」という〝待ち〟の姿勢だったことがうかがえる。

また、いくら支援制度がいろいろ整備されていても、国、県、市町村それぞれに似通った制度があったり、省庁によっても同類の制度が複数あったりして、何をどう利用していいのかさっぱりわからない。せめて、支援機関の担当者がそうした複雑な制度を整理して、活用してもらいやすいよう説明するなどPRの努力をしているならいざ知らず、そうした積極性はあまり感じられない。

各種支援制度などのソフト面、支援センター、インキュベーターなどのハード面、ともに十分すぎるぐらい整っているのに、なぜ一向に成果が上がらないのか。産業支援機関が抱える最大の問題。それは、実効性のある支援の担い手となる「人材」が不足していることにあるのではないか。

また、既存の施策が比較的大きな中小企業（資本金1千万円～3億円未満、従業員

## 図表3　中小企業経営者の経営相談の状況

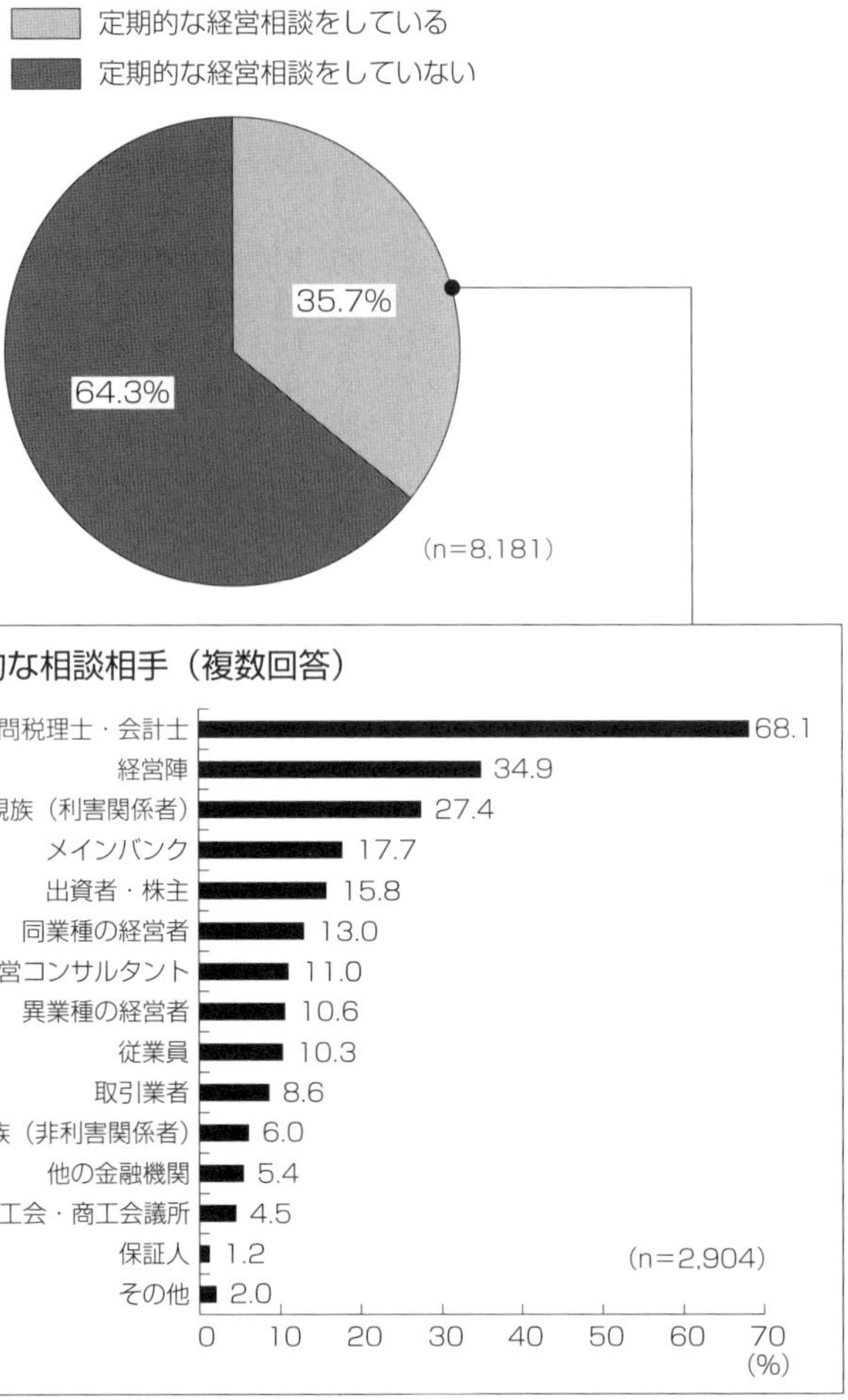


資料：中小企業庁委託「中小企業の経営者の事業判断に関する実態調査」
（2011年12月、(株)野村総合研究所）
（注）ここでいう利害関係者とは、経営陣、従業員、出資者・株主、保証人をいう。

３００人以下の中規模企業）に焦点が当てられがちだったこともあるだろう。

３８５万社といわれる中小企業のうち、約９割、３３４万社は資本金１千万円未満、従業員20人未満の小規模事業者である。この、日本で最も厚い小規模事業者の活性化に絞った政策が手薄だったのだ。

## 中小企業が金融機関に求める真のニーズ

中小企業・小規模事業者の支援を考えるとき、地域密着型の営業活動を展開する地方銀行や信用金庫、信用協同組合などの地域金融機関の存在は欠かせない。これまでも融資を中心として、彼らの企業活動を支えてきた。地元の中小企業や小規模事業者が主な取引先である地域金融機関にとって、中小企業取引は〝本業中の本業〟である。

しかし、過去20年ほどを振り返ってみて、その支援活動は果たして企業のニーズに即していただろうか。金融サービスの範囲を、資金繰り支援や財務支援に限定してしまってはいなかっただろうか。

私はもともと、地銀の静岡銀行に26年間在籍し、うち7年半は中堅・中小企業の合併・買収（M&A）を担当していた。その後、出向で２００１年２月から静岡県が開設する創業支援施設「ＳＯＨＯしずおか」の運営に携わることになった。そこを起点に静岡市と浜松市で7年半、地元の中小企業や小規模事業者、個人事業主、起業家らの経営をサポートしてきた。

このときに感じていたのは、「地域金融機関は自分たちの中心業務として大事な取引先である地元中小企業・小規模事業者の経営支援に積極的であるべきだが、現状は十分ではない」ということだ。たとえ取り組んでいたとしても、「的外れ」だったともいえる。

そうならざるを得ない経済環境も影響しているだろう。少子高齢化、国内企業の海外流失などさまざまな要因が重なり、地方経済の冷え込みは年々厳しさを増している。そんななか、地域金融機関が目先の収益を最優先し、直接的に自行の売上につながりにくい中小規模の企業支援に積極的になれなかったのである。

私自身、銀行の人間だった時代は、営業成績に直接結びつく融資成績があがる案件を優先しがちだったことは否めない。

あるいは、支援はしていたかもしれないが、その内容は果たして地域の経営者・事業主のニーズに即していたかどうか、振り返ってみる必要がある。

経営者が抱える悩み、課題は、決して資金調達ばかりではない。むしろ、それ以前にどうすれば売上が向上するか、自社の商品やサービスがどうやったら売れるかに腐心している経営者がほとんどだ。取引先の真のニーズをつかもうとせず、一方的に融資のことを持ちかけても心を動かされる経営者はいない。むしろ、信頼を失い、大事な取引先を失うことになりかねないだろう。

もしかすると、金融機関だけでなく従来の公的支援機関も、どうすれば売上がよくなるかはそれぞれの経営者が考えるべき問題で、自分たちが口出しする領域ではないと割り切っていたのかもしれない。問題点の指摘や分析はするが、具体的な対応策についてはそれぞれが頑張ってもらわないと、というスタンス。

しかし、地方経済が厳しさを増すなか、人材においても資金力においても大手企業のような体力のない中小企業の努力に頼るのみでは、今後ますます立ちゆかなくなる企業が出てくる危険性があるだろう。

## 資金繰り支援だけでは救えない

資金繰り支援だけでは中小企業の再生は不可能だ。

その教訓として、２０１３年３月末に終了した「中小企業金融円滑法」について検証しておきたい。

これは２００８年８月にアメリカの投資銀行リーマン・ブラザーズが破綻したのを契機に、世界的な経済危機に陥ったいわゆるリーマン・ショック後、経営が悪化する中小企業を救済しようと施行された法律である。返済時期を延期したり、貸付金利を緩和するなど、貸付条件の変更を金融機関に求めた。

適用終了までに30～40万社が同法を利用したが、その後倒産に至った企業は２０１４年

3月までに1200件を上回っている（帝国データバンク調べ）。

こうした「金融円滑化法利用後倒産」は2010年7月に初めて確認されて以来、件数は増加の一途をたどっており、2013年には最多の545件を記録。さらに倒産の内容を業種別でみると、製造業が377件（構成比29・6％）と最も多かった。

製造業は工場や設備などで多額の借り入れを行う場合が多い。円滑法を利用し、返済条件の緩和や追加の借り入れを行い、なんとか倒産の危機をまぬがれたものの、資金繰り支援だけでは経営改善の最重要課題である売上増にはつながらず、最終的には破綻してしまうケースが多いことを示している。

金融庁は、円滑法終了後も同様の措置を行うよう求めるとともに、「借り手企業の経営改善を最大限支援するべき」（金融検査マニュアル監督指針）と明記しており、政府は、2003年3月に公表された「リレーションシップバンキングの機能強化に関するプログラム」から一貫して、地域金融機関が地元中小企業と長期的な信頼関係を築き、融資だけではないコンサルティング的支援を行い、中小企業が自ら競争力ある企業に成長できるようサポートすることを求めている。

それから10年が経ち、地域密着型金融強化の取組みは地方銀行、信用金庫、信用協同組合それぞれに浸透しつつある。ただし、中小企業をはじめとする利用者から「融資だけでなく、経営課題全般についての適切なアドバイスや、販路拡大、新規事業立ち上げ、連携企業の紹介など、幅広い経営支援をしてほしい」という声も多く、ニーズに合った支援には至っていないのも事実である。

## 「よろず支援拠点」への期待

こうした反省から政府は、企業から信頼され、的確かつ具体的な支援策を助言し、それを成果につなげられる専門のコーディネーターを設置し、経営のあらゆる相談を受け付ける産業支援拠点「よろず支援拠点」を全国47都道府県に整備することを決めた。２０１４年度の重点施策のひとつとしてすでにスタートしており、正式名称を、「中小企業・小規模事業者ワンストップ総合支援事業」という。

中小企業・小規模事業者が抱える経営課題は、起業、成長、安定の各段階でそれぞれ異なる。そうした課題やニーズに応じたきめ細かな対応を行い、経営支援体制を強化しようというのが狙いだ。

この支援事業が不発に終わった過去の事業の二の舞にならないためには、中小企業・小規模事業者が抱えている真の経営課題を見抜き、それぞれの実状に応じたきめ細やかな支援を行うこと以外にない。

真の経営課題とは、企業ごとにさまざまであるが、大半の企業が抱えている最大の課題は「売上を増やすにはどうしたらいいか」という点である。つまり、支援者に求められるのは、ずばり、相談企業の「売上を増やすこと」である。

その点を明確に認識している支援者はどれだけいるだろうか。これまでの公的支援機関による支援で期待する成果があまり上がらなかったことを鑑みるに、やるべきことが見えていなかったのではないか。業績不振に悩む経営者を目の前にしても、どういうアドバイスをすればよいのかわかっていなかったのだろう。だから、経営課題の解決を目指すよりも、企業の問題点を指摘することのみに終始しがちだった。財務諸表や事業計画書などを分析して問題点をあげつらう。

しかし、それでは状況は改善しない。自分に課せられた使命が相談企業の経営課題を解決し、事業を軌道に乗せることだと認識していれば、問題点の指摘にとどまらないはずだ。支援者の仕事は、経営分析をして採点することではない。どうしたら売上が増えるか、問題を解決できるか、その具体的なプラン、アイディア、知恵を提示すること。そして、結果が出るまで根気よく伴走することである。

現在、中小企業の支援事業、コンサルティング、インキュベーション業務に携わる人、またこれからそうした活動を行おうと考えている人には、この大前提をしっかりと頭にたたき込んでほしい。

我々がやるべきことは、相談企業の売上を向上させることなのだ、と。

そのうえで、次に考えるのは、ではどうしたら売上を伸ばせるか。どのようにして企業支援を行えばいいかの具体的なノウハウである。これについては、第2章以降で詳しく開示することにし、もう少し、中小企業支援を強化することの意義について、支援者側のメリットという視点で考えてみたい。

## 「選ばれる」金融機関、「選ばれる」税理士、会計士に

繰り返しになるが、地方経済が逼迫するなか、地域密着型の地方銀行や信用金庫、信用協同組合など、いわゆる地域金融機関にとって、取引先の地元企業は「運命共同体」のようなものだ。

地元企業が経営不振に陥れば、金融機関からの融資を必要としなくなるばかりか、預金高も目減りしていくだろう。万一倒産に至れば、大事な取引先を失うことになる。こうしたことが度重なれば、その影響で不良債権が増大し、金融機関も行き詰まってしまう。その結果、企業も金融機関も共倒れ、という最悪の事態もあり得る。

逆に、金融機関が不振にあえぐ取引先企業の経営課題を解決に導き、経営を立て直すことができれば、こうした事態は起きない。むしろ、金融機関の支援によって売上が増えればその資金を使って新事業を立ち上げようとか設備投資をしようとか、資金調達に動く可能性が高くなる。資本金を増資したり、業務拡大のため工場や営業所を拡大するかもしれない。いずれも、融資を必要とするトピックばかりだ。

その際、経営改善をサポートしてくれた金融機関を選ぶのは当然だろう。信頼や顧客満足度も高まり、より大きな資金を預けてくれる可能性もあるだろうし、新たな取引先企業を紹介してくれるかもしれない。

また、まだまだ地域金融機関で本気で中小企業の本業支援に取組んでいるところは少ないので、もし営業活動エリア内の競合相手がこうした取組みを行っていなければ、大きな差別化につながる。支援力を強化することで、「選ばれる金融機関」になれるのだ。

これは、支援機関として期待されている税理士や公認会計士らについても同じことがいえる。図表3で示したように、中小企業経営者が経営の相談をする相手は、顧問税理士・会計士が7割近くと圧倒的に多い。日頃から資金繰りや経営の効率化など経営にまつわるさまざまな課題について、専門家の立場からアドバイスを行っているはずだ。

中小企業・小規模事業主の経営者のなかには数字に弱い人も少なくない。バランスシートを見て問題点の指摘に終わらず、誰よりも会計に詳しいエキスパートとして、どうしたら経営改善できるのかの手立てを数字から分析し、成果の上がる具体策を提示することができれば、クライアントから信頼され、契約を継続してくれたり、金融機関と同じように新規顧客を連れてきてくれるかもしれない。

このように、目先の利益にさえとらわれなければ、支援する側にも大きなメリット（利益）をもたらすのが、中小企業の経営支援なのである。

## f-Bizが相談企業から支持される理由

「よろず支援拠点」は、じつはf-Bizが「モデル」となっている。

国による中小企業支援（以下、公的産業支援）とはつまり、税金を使ってのビジネス支援サービスである。規模の大きさは支援機関によって大小あるが、相談機能、専門家派遣、補助金・助成金制度、貸事務所など、経営資源に限りのある中小企業・小規模事業者にとっては非常にありがたいソフトやハード面のサービスが満載である。

そのようななかでf-Bizがモデルとして注目されている大きな理由の一つは、中小企業・小規模事業者が抱える経営課題に対して、専門知識を備えたプロの支援者たちが「具体的な解決策」を「ワンストップ」で提供し、しかも「成果を出している」ことだととらえている。逆にいえば、従来型の支援機関はこれらがまったく不足していたのだ。

「よろず支援拠点」では、これまでの支援機関で実現できなかった、専門知識をもったコーディネーターによる「具体的な解決策」の提示、専門機関や連携先の紹介など、認定支援機関などと連動したワンストップ支援をめざす。

ではなぜ、f-Bizが「具体的な解決策」を「ワンストップで」提供し、「成果を出す」ことができているのか。

その答えは、私がf-Bizのセンター長を依頼されたとき、真っ先に考えた次の問い

**図表4　富士市産業支援センター f-Biz 来場相談件数の推移**

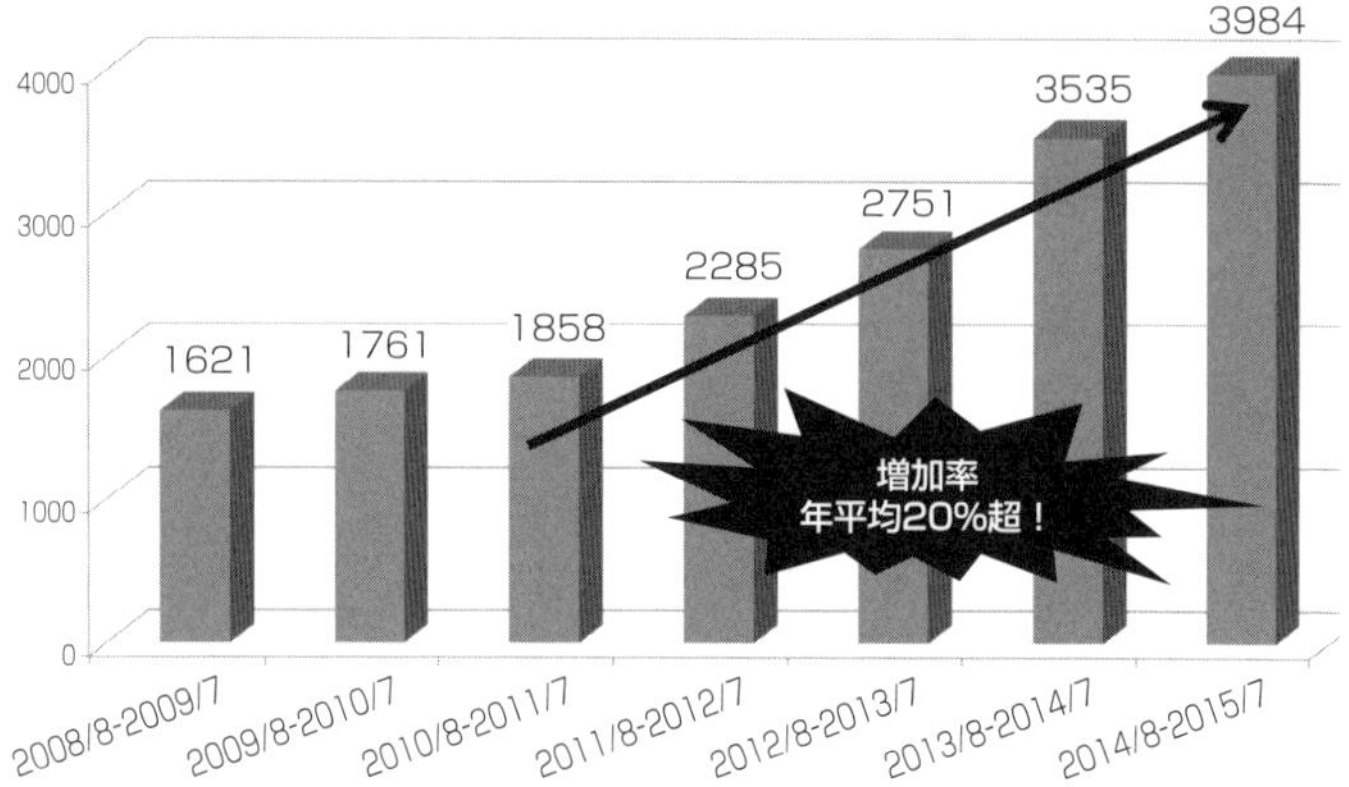


にある。

「どんな人材と、どんなチームをつくるか」

公的産業支援とは、業種でいうならビジネスコンサルティング業である。中小企業・小規模事業者が抱える課題、悩み、問題点を解決し、成果を出せるようにサポートすること。それが我々支援者の使命である。

もっと端的にいえば、当該企業・事業者の「売上を増やすこと」がゴールである。したがって、公的産業支援には売上を増やすための知恵や発想を提供できる「プロの支援人材」が欠かせない。

プロの支援人材とは、たとえばＭＢＡ（経営学修士）などの学位をもったプロのコンサルタントや、会計士、中小企業診断士のような資格を保有する専門家に限らない。

もちろん、これらビジネスに関する学位や資格があることはプラスにはなるが、支援者にとってそれ以上に重要なのは、相談者である中小企業の経営者や小規模事業者、起業家らと同じ目線に立てること、一緒に挑戦しようとする姿勢になれることである。これができる人材こそ、本物の支援者だと私は考えている。

ｆ‐Ｂｉｚで支援業務にあたっているアドバイザーは皆、この姿勢を芯に据えて相談者と向き合っている。だからこそ、人口26万人の富士市で、年間延べ４０００件近くもの相談が寄せられるのだ。（図表４）

## 支援者の使命は「売上を増やす」こと

私自身、「ＳＯＨＯしずおか」のインキュベーションマネージャーにはじまり、これまで４カ所の公的支援機関を立ち上げ、15年間支援家として活動するなかで１２００件以上の新規ビジネス立ち上げを支援してきた。その一つひとつを振り返ってみて、すべてに通ずる共通点がある。

相談に来る人は皆、何らかの経営的な課題、悩み、問題点を抱えており、「今よりよくなりたい」と切実に思っている。公的産業支援施設などという、一見よくわからない場所にわざわざ足を運ぶ人は、現状を変えたくて一歩踏み出した勇気ある人たちであり、挑戦者である。それこそ、人生を賭けてやってくる。だからこそ、こちらも覚悟をもって真剣に向き合わなければならない。

彼らと同じ目線に立ち、彼らが「できていないこと」や「できない理由」を探すのではなく、彼らのよいところを見抜き、それがもっとも輝く方向性を一緒になって考え、ともにチャレンジする。そして、結果を出すこと。これが支援者に求められる最大の課題である。

「中小企業支援とは、ビジネスコンサルティングである」という認識にこだわるのはこのためだ。コンサルティングに求められるのは、「結果」すなわち、経営課題の解決であり、突き詰めれば課題とは「売上の向上」に集約される。問題点の指摘をしたとか、経営計画を見直したとか、そういうことが求められているのではない。f-Bizを立ち上げたとき、最初にメンバーと共有したのはこの点である。

既存の支援機関で成果が上がらなかったのは、求められる「支援」とは何か、やるべきことの本質が見えていなかったことが大きい。これまで、中小企業というのは、さまざまな企業があって、だからこそ悩みや課題、ニーズは多岐にわたっている。ゆえに、多様な支援ノウハウ、多様な専門性が必要だといわれてきた。

しかし、それは私が15年間の支援活動のなかで得た実感とはまったく異なる。

都市部であっても、地方の規模の小さな地域であっても、相談ごとの大半は売上に関する問題である。

自分たちがなすべきことは単純明快なのだ。

売上不振に悩む企業に対して、適切なアドバイスを提供しながら売上を増やすこと。これに尽きる。ｆ-Ｂｉｚはここに焦点を合わせているからこそ、連続的、かつ継続的に成果を上げられているのだ。

図表４でｆ-Ｂｉｚの来場相談件数の推移を示したが、受け付ける相談件数は支援事業活性化のバロメーターである。どんなに優秀な人材を抱え、手厚い支援制度を整備したところで、相談に来てもらわなければ意味がないからだ。

こうした実績が評価され、経済産業省の２０１４年度の概算要求（２０１３年８月30日発表）に、「ｆ-Ｂｉｚモデル」を全国に整備する計画、中小企業・小規模事業者ワンストップ総合支援事業（よろず支援拠点）が明記されたのだろう。

私がｆ-Ｂｉｚを立ち上げた２００８年からすでに、経済産業省や中小企業庁は我々の活動に注目していたようだ。中小企業政策審議会（経産省）や、産業構造審議会（同）、衆議院経済産業委員会などの場に呼ばれて、中小企業支援のあり方について意見を求められていた。

そうした席で、我々の資料を見せて説明すると、皆さん一様に驚かれる。月平均３００超、年間延べ４０００件近い来場相談件数を上げている支援機関など、他にないからだ。

その一方で、「あそこは特別だから」と例外視される向きもあったように思う。しかし、設立した2008年から研修生を受け入れて人材育成に取組み、1年間研修を積んだ巣鴨信用金庫（東京都）の職員がｆ－Ｂｉｚモデルのビジネスサポートセンターを開設した。他にも愛知県や熊本県でも同様の支援機関が誕生しており、それぞれに実績を上げている。

つまり、ｆ－Ｂｉｚのノウハウは特殊なものではなく、ヨコ展開できるものだということが証明されたわけだ。それが経産省の概算要求で、小規模事業者に焦点をあてた政策の経営支援の強化の項目で、ｆ－Ｂｉｚをモデルにした「よろず支援拠点」を47都道府県に整備する案が盛り込まれ、実際に実施に至った経緯である。

やはり政府も、なかなか思うような成果が上がらない中小企業政策に忸怩たる想いを抱えていたのだろう。なんとか流れを変えたい、抜本的な改革が必要だ……その起爆剤として、「よろず支援拠点」を中心とする新しい中小企業・小規模事業者政策を打ち出したのだろう。

国は中小企業・小規模事業者政策の柱として、景気回復の実感を全国360万者の小規模事業者に行き渡らせることや、開業率10％台を目指すこと、黒字の中小企業・小規模事業者の倍増を目指すことなどを目標に掲げている。

真の意味で中小企業を活性化させるには、それぞれの企業の努力はもちろんのこと、彼らを支援する「人材」の質にかかっている。

どうすれば、厳しい経済環境のなかでさまざまな経営課題を抱える企業を救えるのか。

成果の出せる人材とは、どのような資質を備えた人間なのか。どうすれば、相談企業の売上を伸ばす支援（コンサルティング）ができるようになるのか。

そうした結果の出せる人材を育成し、全国に輩出する機関ともなったｆ－Ｂｉｚのノウハウを明らかにしながら、次章から詳しく解説していくことにしよう。

# 第2章

# コンサルティング業は、サービス業。「結果」を出し続ける支援者の資質

## 年間4000件の支援を行うf‐Biz

f‐Bizのある富士市は富士山の伏流水など水源が豊富であり、首都圏へのアクセスもよいことから大手製紙会社がこぞって富士に工場を構え、「紙の街」として栄えた。しかし、国内の紙の需要が減り、生産縮小する製紙会社が相次いだ。製紙業に頼ってきた富士市の経済は一気に落ち込み、地域経済を維持する打開策が求められた。

富士市は、その方策として、地元に密着した中小企業の振興に着目。2008年8月、地元企業が抱える経営のあらゆる問題の解決と、新たな創業支援を目的としたワンストップサービスの拠点として富士市産業支援センター（f‐Biz）を開設することを決めたのである。

その立ち上げと運営を私に託したい。自分の故郷である富士市から依頼され、心は大きく動いた。それまでも銀行員でありながら、出向という形で「SOHOしずおか」などの産業支援施設の運営にあたってきた。7年間、そこで培ってきたノウハウや経験を富士市の経済振興に活かしたい……。私は銀行を退職し、株式会社イドムを立ち上げて、f‐Bizの運営を受託した。

じつは、公の施設の運営を一民間企業に委託するのは、全国の自治体の取組み事例としては極めて珍しい。国の中小企業施策に携わり、各地の情報を取りまとめる中小企業庁のチームと話していても、純粋な民間会社が請け負う施設は見つからないという。拠点は、富士市役所からも近い富士市立中央図書館分館にある。全面ガラス張りになっており、誰でも気兼ねなく入れるように工夫した。

壁には１００枚を超える新聞記事が貼ってある。これは、現状を打破したい、新しい市場を開拓したい、新商品を開発したい、創業したい……など、勇気とチャレンジ精神をもってｆ－Ｂｉｚの扉をたたき、我々とともに新ビジネスを立ち上げたり、経営課題を解決したりした企業や人を取り上げた記事だ。面談中に記事を引き合いに出しながら問題解決のヒントにしたり、すっかり自信を失っている人に類似した事例を紹介しながら、「あなたもかならずできます」と応援するのにも役立てている。

相談スペースは、１階が80平米、２階が１００平米で、合わせて54坪程度。より活発なコミュニケーションを目指し、フロアはオープンスペースとなっている。１階は丸テーブル１つに、扉が閉められる面談室。２階は丸テーブル４つとブースが３つある。

２階のフロアは「エフビズエッグ」といって、２０１３年３月に策定された富士市都市活力再生ビジョンの取組みの一環で、起業を志す人や起業後間もない方を支援する起業支援施設だ。ｆ－Ｂｉｚのアドバイザーが拡充されたことで１階の相談スペースが減り、１階で受けきれない相談を２階の相談エリアでも行っている。

相談受付時間は午前９時から午後５時まで。しかし、私がメールをチェックしている朝

8時には相談企業や創業したいという起業家から電話がかかってくるのは珍しくない。ときには、「どうしてもこのタイミングでないと……」と時間外であることを詫びながら相談に訪れる経営者もいる。そうしたイレギュラーな相談にも、よほどのことがないかぎり応じるようにしている。彼らの〝本気〟に、我々も〝本気〟で応えるためだ。

彼らは自分の会社の存続、人生をかけて我々のもとにやってくる。こちらも覚悟をもって向き合わなければ。時間外だから、などと悠長なことを言っているようでは、この仕事は務まらない。我々は、どんな相談ごとも他人事だとは思っていない。自分だったらどうするだろう？　どうすることがベストな方法なのだろうか？　と、すべての案件を自分の事として考え、判断するよう努めている。

「自分事として真剣に考えられるかどうか」

これは、小さな会社の経営支援を担う人間に必要な資質である。大手企業のように資本力がなく、ちょっとした失敗でも倒産の危機を招く中小企業の経営者は、それこそ命がけで相談してくるケースも少なくない。従業員とその家族の人生も背負っている。そんな彼らに向かって、他人事のように考えていては見透かされてしまうだろう。信頼を得られず、成果を上げるのはほぼ不可能だ。

現在、f-Bizには私を含め8人の常勤・非常勤アドバイザーがいるが、自分事として考え、とことん相談者と向き合える人材ばかりだ。

## なぜ成果を出し続けられるのか

ここで、我々がどのような体勢で相談業務を行っているか、その仕組みについて説明しよう。

### ①ワンストップ・コンサルティング

いちばんの特徴であり強みは、ワンストップ・コンサルティングにこだわっていることだ。8人のアドバイザーはそれぞれ異なる専門性を持ったプロフェッショナル。経営からマーケティング、販路開拓、プロモーション、ブランディング、デザイン、財務、金融まで各専門家の連携支援で質の高いワンストップのコンサルティングを行っている。

要は、一つの相談案件に対して一人が担当するのではなく、相談内容に応じて最適な専門性を持つアドバイザーがバトンリレーをするようにコンサルティングしていくスタイルだ。

たとえば、業績不振の小売店が来ると、私が同店のセールスポイントの明確化を手掛け、副センター長がそのコンセプトを再構築し、プロジェクトマネージャーが販売戦略・店内ディスプレイの見直しをアドバイスし、クリエイティブディレクターが店内POP、チラシの見直し点をアドバイス。さらに、ITアドバイザーがホームページの活性化、SNS

の活用などをアドバイスする、という流れが想定できる。

**②問題点指摘ではなく、ソリューションの提案**

財務諸表や現場を見て、問題点の指摘しかできないコンサルティングでは支援とはいえない。なぜなら、支援者に求められるのは、分析や評論ではなく、売上向上など具体的な結果を出すことだからである。したがって、我々は問題点指摘ではなく、企業の強みを見つけてそれを輝かせるための具体的な戦略の提案を行っている。

**③継続的なフォロー**

支援者の任務は、相談企業の課題を解決し、売上向上を実現することであり、起業家支援ならその創業を経営が軌道に乗るまでサポートし続けることである。一度や二度のコンサルティングで成果が出ることはほとんどない。我々は求める結果が出るまで、相談者と一緒に走りながら支援を行っている。

特に、経営状態が悪化し、何をやってもうまくいかないと八方ふさがりになっている経営者は自信を失っていることが多い。しかし、我々はどんな企業にも、どんな人にもかならずオンリーワンの「売り」があるという前提に立って支援をスタートする。

本人も気づいていない真のセールスポイントを引き出し、その「売り」を適切なターゲットに向かって情報を発信し、売上アップに結びつけるのだ。どんな相談相手にも、このステップはかならず踏んでおり、確実に成果を上げるために必要な時間だと考えている。1回や2回の面談ではここまでたどり着けない。コストをかけず情報発信するために、よくブログやフェイスブックページの立ち上げなどを提案するのだが、ＩＴ関係に疎い経営者も少なくない。その場合は、やり方を教えたり、発信する内容も一緒に考える。ＰＲのためのチラシが有効だと考えれば、その作成のサポートも行う。

継続フォローとはこういうことだ。

また、たとえ軌道にのったとしても、彼らが新たなチャレンジをしたいと相談に来たときはもちろん喜んで引き受ける。

企業の挑戦にはゴールはない。むしろ、時代のニーズや経済状況の変化に素早く適応し、新陳代謝を繰り返していくのが成長する企業の姿というものだろう。そんな彼らのチャレンジに、どこまでも伴走を続けていく。

これらは「f-Biz の方程式」ともいえる手法で、この3つを重視したコンサルティングを行うことで連続的、かつ継続的に成果を出し続けることができているのだ。

【結果の出せる支援者に必要な資質1】

## ひらめきを課題解決に結びつける「ビジネスセンス」

どんなすぐれたシステムが構築されていても、それを担う人材が支援に必要な〝適性〟を備えていなければ、ここまで成果は出ていないだろう。

支援に必要な〝適性〟とは何か。

私はこれまでの経験から「ビジネスセンス」・「コミュニケーション力」「情熱」の3要素が重要と考えている。現在f-Bizで支援業務にあたっている私以下8人のアドバイザーは皆、これらを備えた人材である。

ビジネスセンスとは、〝知恵〟や〝ひらめき〟のようなもので、「本質に気づく力」とも言い換えられる。売上不振など経営課題を抱える企業の経営者は、自分の会社を客観的に見ることができていないケースが多い。自分たちの強みは何か、他社がまねできない仕組みやサービスを持っていても、そのことを自覚できていないのだ。

自社製品を開発し下請けから脱却したいと相談にみえた株式会社イトーは、国内すべての大手紡績会社に自社の「綿ぼこり除去製品」を納めていたという点から、私からするとプロも認めるクオリティの製品をつくっていて、それこそが強みであることが明確な企業だった。つまり「綿ぼこりを効果的に除去する」技術が新商品開発の種ということだ。

この〝種〟をもとに、綿ぼこりで困っているところがないか考えてひらめいたのは、電源プラグとコンセントの間にほこりがたまって起きるトラッキング事故のニュースだ。これがヒントで一般家庭での需要が見えてきた。チェックの厳しい紡績工場内で使用されていた同社の製品なら、こうした問題を解決できる商品にもなると考え、そう提案した。

家庭向けの商品を作った経験のない同社は戸惑いながらも10種類以上の試作品を完成させた。一方で、構造がシンプルなだけに商品化した場合他社に追随される可能性があった。安価で大量販売されないとも限らない。量販店に並ぶ掃除用品ではなく、あくまで高品質・高機能の掃除用品として売り出す必要があった。

そこでブランディングの専門家でもあるf‐Biz の杉本副センター長が中心となって、消費者に受け入れられやすいネーミングやパッケージを検討、植毛部分もカラフルに着色され、バッグにも入るサイズの新製品「ほこりんぼう！」が誕生した。

東急ハンズ新宿店で実演販売を行ったところ好評を博し、すぐに全国販売が開始された。そして、半年で5000セットが売れるヒット商品となった。その後、高級老舗デパートや大手通販会社での販売も決定。紡績以外の工場を持つ企業からの受注もあった。

## 【結果の出せる支援者に必要な資質2】

# 信頼を構築し、行動に結びつける「コミュニケーション力」

どんなにひらめきや知恵が抜群に冴えていたとしても、信頼関係をきちんと築き上げることができなければ、コンサルティングは成り立たない。それが「コミュニケーション力」だ。

コミュニケーション力には3つのステップがある。

①信頼構築のための「聞き出す力」
②相互理解のための「質問力」
③行動を促すための「伝える力」

人は「この人に話をして何かが得られる」と思わなければ、抱えている問題や悩みを口にはしない。初回の面談で、相談者は支援者が信頼に足る人間か、相談することで状況が変わるのか、ということをうかがっている。

私が初回の面談で心がけているのは、相手の事業や挑戦しようとしていることに対して、リスペクトの念を持って接すること。話を聞くなかで、「面白い」「すごい」と感じることがあれば、率直にその気持ちを相手に伝える。だから、私の面談では「すごいですね！」「それ、いいじゃないですか！」といった感嘆がたびたび飛び出す。決して大げさではなく、純粋にそう感じているから、声が上がるのだ。そして、そうした前向きな反応は相手への信頼につながり、次のステップの「質問力」がスムーズになる。

「仕事の流れを教えてください」「営業や宣伝活動はどのようにしているのですか？」など、相手の反応を見ながら「教えていただく」姿勢で質問をしていく。そのなかで、相手が抱えている課題や、どんな自負を持って仕事に取り組んでいるか、どんな展望を描いているかなどを引き出しながら、強みはどこにあるか、どうしたら活かせるかを見極めるのだ。

そして、聞き出した情報をもとに練った方策を、相手が「ぜひやってみたい」と前向きにとらえられるように効果的に伝える。これが最後の「伝える力」だ。

「伝える」というのは、相手が納得して初めて成り立つ。納得してもらうためには、どんなに有益な戦略だと自負していても、「こうしたらかならず成功します」などと一方的に押しつけてはならない。相手の話を遮ったり、こうしたいという希望を無視するのも絶対に避けるべきだ。

「なるほど。それなら自分たちにもできそうだし、効果がありそうだ」

というように、こちらの意図が相手の腹にすとんと落ちるまで、丁寧に言葉を重ね、時間がかかっても焦らないこと。本人が納得しさえすれば、そのあとの行動に迷いはない。

## 【結果の出せる支援者に必要な資質3】企業のために行動する「情熱」

最後は「情熱」である。

「この企業をなんとしてでも復活させたい」

「彼らの挑戦を成功させたい」

と情熱を燃やし、覚悟をもってとことん向き合うこと。

一つひとつの相談を自分のこととして考え、相手のために自分ができることは何かを考えぬく。そして、結果が出るまで全力投球。その駆動力となるのが、「情熱」である。

「自分事として向き合う」とはどういうことか。

f-Bizの副センター長の杉本剛敏氏の仕事を通じて、説明したい。

彼は立ち上げ当初からのメンバーで、現役のコピーライターである。広告、セールスプロモーション、ネーミング、ブランド開発を中心に、企業、行政、組合などのマーケティングやデザイン戦略を幅広くサポートしている。広告会社の社長業のかたわら、f-Bizでは週に2回、支援業務にあたっている。

彼と知り合ったのは、私が銀行からの出向で静岡市産学交流センターのマネージャーをしていた頃のこと。杉本氏は中小企業診断士の資格を持っており、センターには中小企業診断士協会から派遣された診断士が日替わりで来ていた。その一人が彼だったのだ。

そのときにお願いした仕事の成果物を見て私は驚いた。非常に高い完成度で、抜群のセンスと、質の高いものをつくるために労を惜しまない姿勢も素晴らしい。

仕事の内容は、新サービスのネーミングやコンセプトの立案だったのだが、まず彼は一つの商品名に対して20以上の案を考えてきた。まず普通の専門家ならば、フィーをとらない公的産業支援の中で20案も考えないだろう。そこまで時間と労力をかけずに済まそうと思えば済ませられるのだから。しかも、その一つひとつが独創性に富んでいて、あっと驚くような、あるいはハッと気づきを与えるようなものばかりだった。

したがって、当然ながら顧客の満足度はきわめて高く、何度も感謝されたことを覚えている。一度ならず、何度も同じように質の高い成果を上げるのを見ていて、彼は本物だなと思った。

どうすれば自分がかかわる企業がよくなるか、その商品が売れるかをとことん考え、ベストな解を導き出そうと真剣に取り組んでいる様子が伝わってきた。

相談企業のために自分がすべきことは何か。どうすれば、この企業の強みを発揮できるだろうか、と考え抜き、労をいとわず実践する。そうした「情熱」がなければ、支援者は務まらない。形式的な支援や、仕事だからここまで、と線を引くような相手に人は心を動かされることはないからだ。

そして、情熱は相手に伝播する。杉本氏の情熱が私に伝わったように、「自分たちの会社のことをここまで真剣に考えてくれているのだから、我々ももっと頑張らないと」と相手の意欲を高めることにもつながる。

自分の仕事の意義を「相談者の発展のため」「地域の活性化のため」と明言できる人は、情熱にあふれた人材だ。そして、その「熱」が強い人ほど結果の出せる支援者なのである。

## チームでの企業支援にこだわるのはなぜか

f-Bizは、異なる専門性を持ったアドバイザーの連携によるワンストップ支援にこだわっている。チームで取り組むメリットは、相談者のニーズに合わせた専門家が代わる代わるサポートできることの他に、アドバイザー同士でお互いのノウハウを学び合うシナジー効果も大きい。

現在、f-Bizには私以外に7人のアドバイザーがいるが、それぞれに得意分野が違う。持っている知識も、コンサルティングのアプローチの仕方もいろいろだ。だからこそ、自分にないものを別のアドバイザーの力を借りて補ったり、ほかの不得手とする部分を自分がサポートする側に回ったりすることができる。

一人のアドバイザーが起業・経営支援に必要なすべてのノウハウを極めるのはむずかしい。私自身、支援家のエキスパートのようにいわれるが、弱点はある。

自分は発想することはできても、それを形にするのは苦手。「このような方向でブランド力を高めれば、この商品は売れますよ」と言うことはできても、それを具体的に形にするノウハウが弱いのだ。だから、自分と同じように相談者にとことん向き合う姿勢で臨むことができて、なおかつ形にできる人材がパートナーとしていてくれれば、どんな仕事をするうえでも絶対にパフォーマンスは向上する。そう考え、チームに加わってもらったのが、杉本副センター長だった。

私の目から見て、杉本氏は静岡県内で最もマーケティング力、ブランディング力にすぐれた人材。f-Bizを立ち上げることになったとき、真っ先にパートナーとして頭に浮かんだのは彼である。

他の6人も同じ視点でスカウトさせていただいた。

優秀な人材はつねに求めている。ずば抜けた専門性を持っていて、なおかつそのときのf-Bizにないものを持っている人材。3年ほど前に起用したアドバイザーの浅井伸也氏は現役の税理士なのだが、税理士としてのキャリアは2年ほど。私が注目したのは、税理士であることはもとより、それ以前の松坂屋静岡店に22年勤務したという経歴だった。

詳しく聞いてみると、彼は明らかにエース。デパートの「顔」、1階のフロアマネージャーも経験していたほか、バイヤーとしてマーケティング、マーチャンダイジング（MD・商品政策）について豊富な実務経験を持っていたのだ。また、外商、マネージメントの経験もあり、接客、顧客管理など、販売についても経験があった。

これまで、f-Bizにはモノを売った経験のある人間はいなかった。しかも、松坂屋は富裕層の顧客をつかまえている。どういう商品なら富裕層が反応するか、私たちには想像がつかない。どんな商品なら百貨店は自分の商品として購入するのか？　といった販売側の考え方もわからない。それを浅井氏は実体験として理解している。彼自身がバイヤーだったのだから、百貨店のバイヤーの目にとまる商品とはどのようなものか、いちばんわかっているはずだ。浅井氏がメンバーに加わることで、百貨店や富裕層に売り込みたい企業のサポートががぜん強化されるだろうと考えた。

実際、浅井氏は狙いどおりの力を発揮してくれている。相談企業には「売上が伸びない」と苦心している小売業も多い。そうしたとき、浅井氏がたとえば店舗を訪問し、商品陳列や動線などをチェックして適切なアドバイスを行うと、確実に売上が増えるのだ。

外商という仕事は、飛び込み営業も臆せずしなければいけないシビアな仕事である。相手に信頼されるには、訪問先企業を詳細に分析し、訪問計画や販売戦略を綿密に立てなければならない。突然訪問しても、話を聞いてもらえるには、相当な準備と計画が必要なのだ。浅井氏はそうした現場で鍛えられてきた。その経験が相談企業に対するアドバイスに活かされ、じつに綿密な営業戦略をもって相談企業にあたってくれている。

彼の仕事ぶりには、私自身たいへん勉強になっている。自分も銀行員時代、渉外を担当したときもあったので、営業についてはアドバイスができると思っていた。

しかし甘かった。私が所属していた静岡銀行は地方銀行のなかでも「地銀の雄」といわれ、全国的に名の通った大手企業のような存在である。そんな地域で圧倒的な影響力がある銀行の肩書きを持った自分が、たとえアポイントなしで訪問しても冷遇されることはまずなかった。綿密な資料など用意していなくてもだ。そういう世界で自分は教育されているので、浅井氏のような綿密な営業戦略、訪問計画などつくったことがなかったし、相談企業にアドバイスもできない。そういう意味で、彼のコンサルティング手法に改めて学んでいるところである。

杉本氏はアイディアを形にするプロ。浅井氏はモノを売るプロ。そして、金子慶太氏はデザインのプロである。

商品自体はいいのに、パッケージが洗練されていない。ユニークなサービスだが、まったく知られていない。そんなときは金子氏の出番だ。プロダクトデザインやアートディレクションに強い彼が魅力的な商品デザインやＰＲ資料の作り方をアドバイスしてくれる。

その他、ｆ‐Ｂｉｚで唯一ものづくりの現場経験があり、新規事業計画づくりのスペシャリスト安川典克氏、ＩＴを効果的に活用したマーケティングのプロである中野美保子氏、金子綾氏らがそれぞれの専門性を活かして支援活動にあたっている。

人材については、必要に応じて今後も増強していくつもりだ。

新たなスタッフを迎え入れる際、いちばん重要視しているのは、その人物をチームメンバーとして加えることによって、我々のサポート力、コンサルティング能力がどれくらい高まるか、という点である。

これはチームで企業支援にあたる人たちにもいえることだ。自分たちの力を増強するために、どんな人材が必要かを考え、戦略的にチームをつくっていく必要がある。

自分たちに足りない要素は何か。それを補う人材はどんな専門性を持った人間か――。私はつねに現状に満足することなく、一歩引いて客観的な視点で支援機関としてのｆ－Ｂｉｚを見るように心がけている。

我々の取組みは、コンサルティング業であると同時に、サービス業でもあるのだ。サービス業として考えてみたとき、同じ商品をずっと売っているだけでは陳腐化し、どんどん魅力を失ってしまう。と同時に、経済状況も社会のしくみも刻々と変化している。そうした変化にいち早く対応し、サポート内容もその都度最適化していかなければ結果の出る支援はできない。つまり、ニーズに対応できなくなるのだ。企業支援に携わる人間は、つねに「今」という状況を適切にとらえ、アップデートを繰り返していくスタンスで臨んでほしい。

## 100社それぞれが1人雇用すれば100人の雇用が生まれる

地域経済の疲弊が改善されないなか、国も行政もさまざまな経済振興策を打ってきた。地域経済の活性化には、地域の核となる産業を育成することが重要だと皆が口にし、そのための策も講じてきた。しかし、バブル崩壊後の過去25年を振り返ってみて、行政が積極的にかかわって新産業が生まれた事例があるかというと目立ったものはない。地域の屋台骨を担うような新産業は、なかなか行政主導では生まれにくいのだ。新産業が生まれる背景となる革新的な新技術は民間から生まれるものがほとんどであり、行政の支援からは生まれにくい。

ゼロから新しい産業を起こすのはむずかしいが、足もとを見直してみると、地域にはそこで頑張っている既存の中小企業、小規模事業者がたくさんいる。彼らは地域の雇用を支え、経済を支えてくれている。厳しい経済状況に置かれながら、必死で踏ん張っているのだ。こうした地域企業の経営をバックアップすること。それが真の地域経済活性化策ではないか。我々の使命はそこにある。

地域に一人でも多くのチャレンジャーが生まれることによって、地域経済は活性化し、地域の流れを大きく変えることができるのだ。

ただし、税収や雇用の面でドラスティックに変わるかというと、そう単純な話ではない。

一つひとつの企業の規模は小さいため、1社が与える経済へのインパクトは微々たるものだろう。しかし、100社に対して支援機関なり金融機関がかかわり、1社から1人の雇用が生まれれば、100人の雇用が生まれることになる。それに、私は単発ではなく継続的に成果を出し続けることにこだわっているのだが、次から次に小さなイノベーションが生まれることによって、地域に新たな風を吹き込む可能性は大きい。

たとえば、f-Biz が開所した当初の相談件数は1日平均6件程度だった。今やその2倍以上、約16件にまで増えている。月間にして330件を超す。施設開設から7年目の年間来場相談件数は3984件だ。起業相談に限ると、2013年に起業支援施設エフビズエッグをオープンしたことも影響しているとは思うが、それまでは月平均10件程度だったのが、いまはその5倍で月間50〜60件超もの起業相談を受けている。それにともない、f-Biz が支援し創業が実現した件数は、エフビズエッグができる前年の12件からできた年の42件と前年比350%増に上昇している。

## 起業の敷居を低くする「チャレンジャー大量輩出作戦」

人口26万人規模の富士市で、こんなことが起きるなんて誰も想像していなかった。私自身、15年この仕事に携わっているが、短期的に起業家がこれほど集中したのは初めてだ。

一朝一夕にできたわけではない。f-Biz を立ち上げてから7年半の活動実績が浸透してきたのだろう。相談者が一様に口にするのは、「どこに相談に行けばいいかわからなかった」ということだ。それが、我々が起業支援に力を入れていることを大々的に打ち出し、ＳＮＳで積極的にＰＲしたり、実績が評価されメディアで報道されたりするうちに、「あそこに行けばいい方向性が見出せるかもしれない」と期待されるようになってきた。

こうした現象から、地域のなかで起業家精神やチャレンジ精神を気風として育てることができると感じるようになった。これは、嬉しい誤算だ。自分はこの世界のことを知り尽くしていると思っていたが、まったく予測していなかったことが起きている。

日本では起業家精神が育ちにくいとか、チャレンジ精神が弱いなどといわれているが、私の経験からいって、それは大きな誤解である。

富士市のような地方都市で、会社を興して挑戦しようと考える熱意あふれる人たちが大勢いるのだ。どうすればうまくいくか、何に注意をしなければならないか、起業に必要な条件を適切にアドバイスしてくれる場があれば、起業の敷居はぐっと低くなる。

起業家精神が薄いわけではない。要は、意欲を後押しする仕組みがあれば、富士市のように状況は一転するのだ。アメリカはリスクを取っても成長が見込める新興企業に投資をするエンジェルが数多く存在するが、日本にはそういう文化はあまりない。そのかわりに、起業したいというチャレンジ精神をリスペクトし、彼らの挑戦を制度や資金、ノウハウの面で応援する我々のような支援機関が増えれば、日本のあちこちで新しい会社が次々に誕生するようになるのは夢ではないと思う。

エフビズエッグが開設して1年のうちに富士市内だけで37件の起業をサポートした。特徴的なのは、富士市出身で首都圏で活躍していた若手が地元に戻ってきて起業するパターンが目立つこと。全国的に若い層の地方志向が静かに進んでおり、東京より自分が生まれ育った地域、あるいは縁はなくとも都会ではなく地方で生活したいと望む人が増えているのを起業支援の現場に立つ私自身、実感している。

一人は、東京を中心に多店舗展開し、非常に人気の高い美容室でトップスタイリストとして活躍していた男性。そのまま東京で活動するという選択肢もあるなかで、彼はあえて妻の地元での起業を選択した。東京でナンバーワンはむずかしいが、富士市でならやり方次第でトップになれると考えたそうだ。

「ビジネスをするなら東京がいちばん」とよくいわれるが、私の考えは違う。さまざまなエキスパートたちがしのぎを削る東京よりも、ある意味まだまだ未開拓な分野が残る地方のほうが狙い目なのだ。

もう一つ、ユニークな起業事例を紹介したい。鮮魚店や精肉店など専門食材店の開業を立て続けにサポートしたことだ。

鮮魚店は、大手スーパーで鮮魚担当を長く経験してきた40代の男性が、鮮度の落ちた魚を販売するやり方に疑問を抱き、本物の魚の味を知ってほしいと起業を一念発起。精肉店は30代の男性で、都内の精肉店で修業を積み、熟成肉やブランド肉を豊富に取りそろえ、グルメ志向の顧客に向けたハイクオリティ精肉店を準備中である。

二人に共通して印象的だったのは、鮮度や品質をセールスポイントとして強調しにくい大手スーパーや量販店には絶対に勝つ自信があると言っていたこと。勢いがあるだけでなく、戦略的にもよく考えられていて、頼もしい。このように、起業家精神にあふれた人材は、地方にもたくさんいる。f-Bizが彼らの起業を応援することで、さらに「自分も挑戦してみたい」というチャレンジャーが絶えず生まれる状況をこれからもつくっていきたいと考えている。

## 全国に拡がるf-Bizモデル

f-Bizの取組みは、政府や各省庁からも注目されており、2014年度の中小企業支援策の目玉で全国47都道府県に設置された「よろず支援拠点」のモデルにもなった。

f-Bizを立ち上げたときに、私は次の目標を掲げた。

1、全国の産業支援施設・産業支援プロジェクトのロールモデルになること
2、産業支援施設を核とした地域活性化、地域再生の先端を走るフロントランナーとなること

開設以来、全国の自治体や金融機関などから「f‐Biz モデルを学ばせてほしい」「自分たちの地域にf‐Biz のやり方を導入したい」という依頼をたくさんいただき、視察や研修生を積極的に受け入れている。2014年は国内外から約50件の視察を受け入れた。

2009年10月には、研修生として1年間f‐Biz で学んだ巣鴨信用金庫の職員が中心となって、「すがも事業創造センター（S‐biz）を開設。平成25年度の対応件数は年間1000件と好調だ。

また、2013年からは愛知県岡崎市でも、f‐Biz と同じ取組みをする「岡崎ビジネスサポートセンター」（OKa‐Biz）も始まった。こちらも、開設から9か月で相談件数が1000件近くと盛況だった。f‐Biz の初年度8カ月の相談件数が1032件であったことを考えると、OKa‐Biz の成果はかなり大きいといえる。2015年4月には熊本県天草市で「天草市起業創業・中小企業支援センター」（Ama‐biZ）がスタートした。

静岡県内には私が定期的に相談会を行っている熱海市の「熱海市チャレンジ応援センター（A‐biz）」がある。また2016年度には、岐阜県関市、長崎県大村市を含め全国5市町村以上がf‐Biz をモデルにした、中小企業支援センターをオープンさせる予定だ。

北海道釧路市や東京都豊島区、静岡県裾野市、宮崎県日向市、沖縄県那覇市では定期的に出張相談会も開いている。

このように、ｆ-Ｂｉｚの遺伝子を継承した企業支援拠点が全国に拡がりつつあるのは喜ばしいことであり、当初掲げた、「中小企業支援のロールモデルを目指す」という目標に、まだまだ道半ばではあるが、一歩ずつ近づいている実感がある。

しかし、日本企業の99・７％を占める中小企業の活性化を考えると、まだまだ支援が足りない。各自治体、県や市町の中小企業支援センター、地域金融機関、商工団体など自分の地域の中小企業・小規模事業者を支援する機関が「地元の企業が元気になれば、自分たちの地域が活性化する」との信念で、さらに真剣に取り組んでいただきたいと思う。

次章では、ｆ-Ｂｉｚが具体的にどのように中小企業支援を行っているか。創業支援も含めて、そのノウハウを段階を追って詳しく解説する。

# 第3章

# 行列のできる支援拠点になる！小出流 創業・経営支援ノウハウ

## よりきめ細かいサポートが求められる創業支援

富士市は2013年8月末に起業家支援に特化した「富士市産業支援センターf‐Biz egg（エフビズエッグ）」を新たに開設した。

地域の活性化には、既存の中小企業支援とともに、新たな地域経済の担い手となるベンチャースピリット溢れる人たちの起業を応援し、事業を軌道に乗せることも欠かせない。これまで、f‐Bizでは中小企業支援も創業支援も同じ枠のなかで行ってきたが、創業の相談件数は横ばいが続いていてこれを後押しする積極的な企画の必要性を強く感じていた。

国も成長戦略の一つとして、開業率を現状の4・5％から欧米並みの10％台に引き上げるという目標を掲げている。起業は産業の新陳代謝を促進し、地域経済、ひいては日本経済の活性化につながるとの考えからだ。

こうした流れのなか、富士市も都市活力再生ビジョンを策定し、起業を志すチャレンジャーや起業間もない人たちの支援力を強化すべくエフビズエッグを新たな拠点として立ち上げたのである。同じ富士市立中央図書館分館の2階にあり、起業相談はこれまでどおり、f‐Bizのメンバーが担っているが、入口には起業支援担当のスタッフを常駐させて、毎日更新する専用サイトを設けた他、平日は仕事で施設を利用できない起業家の〝卵〟を対象に、週末に施設を開け相談に対応する企画を立ちあげるなど、起業支援に一層注力するようになった。

創業支援に力を入れるようになり、開設年の創業に関する相談件数は年間で758件。それ以前の年と比べ約5倍の伸びである。全体の相談数の21％を占めている。さらに、実際に創業を実現した人も、エフビズエッグ開設前の1年間の12件から350％増の42件に増えており、多くの起業家誕生をサポートすることができつつある。

既存の企業支援も、新たに会社を設立しようという起業・創業支援も、コンサルティングのノウハウは基本的には同じだ。ただし、創業支援のほうがよりきめ細かいサポートが必要だということは強調しておきたい。

既存の企業は現在進行形でビジネスを展開しており、経営経験の持ち主である。対する起業家は基本的に経験のない人たち。たとえば、会社を設立し、事業を行うなかで起きるさまざまな状況に、経営者は一つひとつ的確に判断し、行動していかなければならないわけだが、起業したばかりの人間にとってはどれもこれもが初めての経験。どうすればいいのかわからないことだらけのなかで、誤った判断をしてしまったり、対応が遅れてしまったりして、致命的な失敗につながることもある。だから、創業支援とその後のフォローアップについてはきめ細かくサポートしなければならないのだ。

具体的な事例で説明しよう。

2013年の夏に創業のサポートを行った自動車整備・中古自動車販売業者。f-Bi

zに相談に来られた当初の数回の面談で、店舗の場所や、開業資金調達の方向性がとんとん拍子で決まっていった。

経営者の方は長年、自動車の販売・整備の業界での経験を積んできており、我々が細かくチェックしなくても事業を軌道に乗せられるだろうと思っていた。ところが、開業して3カ月たっても、売上が事業計画の半分にも満たない状態だった。

これはおかしいと、社長に状況を確認したところ、売上管理がまったくできていなかった。要するに、どんぶり勘定。彼は車のことについては詳しいし、技術もあるが、経理・会計の知識はまったくなかった。そのため、仕入と売上のバランスが極端に悪く、どの程度悪化しているかの把握はもちろん、資金がどの程度回らなくなっているかすらわかっていないような状態だった。

現在の中古車市場で比較的売りやすいのは軽自動車。ところが、この会社は地元金融機関の融資である程度の資金調達ができたこともあり、なかなか売りにくいといわれる普通車をずいぶん仕入れてしまっていた。

そのことが発覚して以来、社長には定期的に来ていただき会計帳簿のチェック、試算表のチェックも含めて、経営状況の把握に努めるとともに、店舗の看板の手直し、チラシの見直し、ビジネスブログなどの立ちあげによるＰＲの強化など、具体的に売上が向上する方法をレクチャーしかなりきめ細かくサポートした。そうした支援から売上は上昇し、中古車の在庫はすべて販売できたことはもちろん、車検・整備の顧客が増加し安定した経営が実現できた。

2週間に1度という、かなり短いスパンで継続アドバイスを続けたわけだが、創業者の場合、できるだけ1カ月に1度は来ていただき、仕入、在庫、売上、販促、経営者の意識などあらゆる角度から状況を確認する。それくらい丁寧にしなければ、状況の悪化を見落としてしまい、対応が遅れてしまうことになる。

この中古車販売会社のケースは、我々にとっても、

・創業者支援は既存の企業支援よりもきめ細かい支援が必要である
・月に1度、少しでも不安要素があれば2週間に1度のスパンで頻繁にモニタリング、アドバイスを行う

という教訓になった。

## 情熱の継続が起業を成功させる

では具体的に、「起業したい」という相談を受けたとき、どのように支援を進めているのか。

最初にかならず確認するのは、「なぜ起業したいのか？」という動機である。どんな目的で、何をやりたいのかが明確かどうか。また、チャレンジしようとしている事業に、志

と情熱を持っているかどうか。事業計画書を見るより真っ先に「動機」と「情熱」を見極めるのである。

ここで気をつけなければいけないのは、現在働いている会社が嫌だからとか、仕事に不満があって独立を考えているケース。こうしたネガティブな動機では創業できたとしても、うまくいかない。

起業というのは、究極の自己実現である。明確に自分のやりたいことがあって、その目標を実現するために、志と情熱をもって邁進する。それが起業で成功する人の共通点だ。現状が嫌だから会社でもつくって自分で自由にやりたいというような安易な動機で成功できるほど経営は甘くない。だから、「なぜ起業したいのか?」「明確にやりたいことがあるのか?」「どんなことがあってもやり続ける情熱、覚悟はあるか?」を徹底的にヒアリングし、確認するのは創業支援の第一歩だと心得ていただきたい。

前述したようなネガティブな動機で起業を考える人もいるが、大半の起業家は、「こんなビジネスがやりたい」「自分の力を試してみたい」という情熱を持っているものだ。

しかし、その情熱が本物かどうかは、会社を創業し、実際に事業を始めてしばらく経ったころに試される。どんなに大きな夢や希望を抱いていても、ビジネスの世界はシビアであり、思うようにいかないことも多々出てくる。思ったように売上が上がらない、顧客や販路を開拓できない、自分がいいと思ったものが評価されない……。そうしたつまずきや試練を何度も乗り越えなければならない場面に遭遇するだろう。そんなとき、やっぱり自分には経営は向いていないかもなどと落ち込み、もうやめてしまおうかと考えるようでは最初の情熱は本物とはいえない。

うまくいかなければ、何が原因かを必死で考え、どうしたら軌道に乗るかあらゆる方策を試してみるなど、簡単にあきらめたり現状から逃げたりせずに、粘り強く挑戦するパワーが起業家には絶対に必要なのだ。その源泉となるのが情熱であり、その熱は花火のような一過性のものではなく、継続して燃え続けるものでなければならない。だから、我々支援する側は、最初の情熱だけに惑わされず、その情熱を継続させられるかどうかを見極めることが大事なのだ。

## そのビジネスに可能性はあるか

次に考えるのは、やろうとしている事業は過去に経験があるのか、そのビジネスに必要な技能を持っているかどうかである。この点もかなり細かくヒアリングを行っている。本人のこれまでの経歴、持っている知識、技術、人脈などを聞き出しながら、仮にその話が進んでビジネス化したときの可能性について検討するのだ。

「可能性」とは、端的にいえば、その事業が成功するかどうかということだ。

たとえば、美容院の開業。前に少し触れたが、東京で人気のヘアサロンでトップスタイリストとして10年の経験を積み、若い女性を中心に顧客もたくさんついていた男性が、そこで学んだことを活かして地元の富士市内で同じ形態の美容院をオープンしたいという相談が実際にあった。

美容院激戦区のエリアで人気店として知られる店での経験があり、多くの顧客がいたという部分を見ると、ビジネスの可能性は大いにあると思うだろう。

しかし、開業するのは東京ではない。富士市は人口26万人の地方都市であり、東京に比べたら格段にマーケットが小さくなる。東京と同じ客単価を維持するのはむずかしいだろうし、客数も売上もシビアに見積もる必要がある。

そもそも東京と同じ感覚で考えていたら失敗する。富士市でビジネスをするなら、地域に密着した戦略を考えることが重要だし、ターゲット層のニーズもリサーチする必要がある。そうしたことをアドバイスするなかで「可能性」を探っていくのだ。

一見、成長分野のビジネスに思えるものでもよくよく考える必要がある。

たとえば、東日本大震災後、防災に対する注目が高まり、一時期、同分野のビジネスが活況をみせた。f-Bizにもこの流れを受けて起業したいとか、新規参入したいという相談が立て続けに持ち込まれたが、大手企業もこぞってこの分野に参入し、市場はかなり飽和している。雨後の筍のごとく事業者が増殖するなか、よほどの差別化ができていなければ、このビジネスで成功するのはむずかしいだろう。

このように、どんなに市場が拡大している分野であっても、飽和状態であれば起業を踏みとどまらせることもあるのだ。そうやってあらゆることを検討しながら、条件が揃ったところで初めて「では事業計画を一緒に立てていきましょう」という話になる。

## どんな企業、人にも「オンリーワン」がかならずある

事業計画書を作成するにあたっては、中小企業庁や日本政策金融公庫など公の機関が創業までのステップをマンガや図解などでわかりやすく示した冊子を発行しているので、これらを活用しながら進めていくとよい。

一般的には事業計画書の内容、事業構想や事業内容、資金計画表、損益計画表を作成することに集中するが、我々f-Biz はその一歩先にこだわる。それは何かというと、「差別化」である。

これまで、たくさんの起業家を支援してきたなかで、成功する起業には次の３つの条件が必要だということがわかってきた。

第一に「**オンリーワン**」であること。第二に、前述した「**情熱の継続力**」、そして第三に「**行動力**」である。

なかでもオンリーワンであるかどうかは最重要部である。オンリーワンとは、その事業（商品やサービス）の「強み」であり「セールスポイント」である。「オリジナリティ」と

もいえる。事業そのものにオンリーワンを見出せなかったとしても、起業家自身の人となりや人生、つまり「人」にオリジナリティや売りを発見することもある。

私は起業家でも既存の企業でも、相談を受けたら何よりも先に「いったいどこにオンリーワンがあるだろう」と考える。それが最大の差別化要因になるからだ。

したがって、支援者としては事業計画書の作成をサポートしながら、相手のセールスポイントや強み、オリジナリティを見出さなければならない。このときに大事なことは、「どんな企業、人にもかならずオンリーワンがある」と思って向き合えるかどうかだ。私はどんな相手を前にしていても、そう信じて対応している。

これまでの著書でもくり返し述べてきたし、講演会などに呼ばれて経営支援のノウハウについて話す際にもこのことを強調するのだが、なかなかそう思えない人もいるようだ。

一見すると平凡にしか見えなかったり、他との差別化がむずかしかったりするケースもたしかにある。特に起業家はどんなビジネスに挑戦するのであれ、大半はそれぞれの市場においてその瞬間はいちばんの後発組であり、先にそのビジネスを展開しているプレーヤーたちがいる状態。そうした状況のなかで、「オンリーワン」を見出していくのは、何百件という起業支援をしている我々でさえも苦戦する。

だからこそ、徹底的にディスカッションをしながら、「これだ！」と思えるオンリーワンを探すのだ。最初から、「この起業家の強みはここだな」と思えるケースもないこともないが、それは稀なケースで、実際には時間をかけてヒアリングをするなかで一緒に「この部分をオンリーワンとして磨いていきましょう」という具合に、作り込みをしていくことのほうが多い。つまり、意識的に「売り」を先鋭化させるということだ。

## 人から共感されるビジネスを

ビジネスを成功させるには、「オンリーワン」であることが重要だと言うと、「日本初」とか「業界随一」でなければならないと思う人もいるようだが、そんなにハードルの高いことを要求しているのではない。

オンリーワンとは、「こんなサービスが欲しかった！」と思わせる、ありそうでなかったものだったり、人がなかなか思いつかないユニークな視点だったり、この地域にはなかったアイディアなど、「他と違う要素」で十分だ。

そうしたオンリーワンの種は誰しもが持っているもの。一例、既存の企業が新会社を立ち上げるお手伝いをしたケースを紹介したい。

相談者は、富士市で人材派遣会社を経営していた小松剛之社長で、高齢者専門の派遣会社「高年社60」を始めたいという内容だった。60歳以上の高齢者は、２０１２年10月に改正された労働者派遣法で禁止となった日雇派遣（労働契約の期間が30日以内）の例外として派遣が認められている。その点に目をつけ、60歳以上に特化した人材派遣会社をつくれば需要があるに違いないと考えたのだという。

企業にとって、人件費を圧縮できる日雇労働者はニーズが高い。条件が許されなければ雇用することができなくなった分、例外で認められている60歳以上の人材派遣業はたしかにヒットしそうに思える。しかし、私は全面的に賛同できなかった。

私は小松さんにこう申し上げた。

「やろうとしている意図はよくわかります。でも、見方によっては、法の網の目をくぐり抜けるビジネスと誤解されそうです。つまり、原則的には許されない日雇派遣だが、例外として認められている高齢者を売りにしようと勘違いされてしまいませんか？　それでは、世の中から共感を得るのはむずかしいと思います。今の時代に求められているのは、人々から共感されるビジネスです。ですから、コンセプトを変えて誰からも共感してもらえる事業にしましょう」

なるほどと納得してくれた小松さんに提案したのは、社会貢献型、地域貢献型のビジネスにするというアイディア。そもそも、定年後も働きたいという高齢者の人たちは、お金だけが目的で働こうとしているわけではない。むしろ、やりがいや生きがいを求めて仕事を探している人のほうが多いかもしれない。

今の60代、70代はまだまだ知力も体力も十分ありあまっているなかで、生活維持はもちろん、それだけではなく社会に貢献したい、世の中から求められる存在でいたいと思っているのではないか。必要とされる人材でありたいという彼らの希望を叶える場として「派遣」という働き方を提供する——つまり、大げさにいえば、高齢者の人たちの自己実現につながるようなスタイルにできるのではないかと考えたのだ。

企業にしてみれば正社員として雇用するのはリスクが大きいが、経験豊富な高齢者のノウハウを派遣社員として活用できるのは非常にありがたいはず。生きがいにつながる仕事がしたい、自己実現したいという高齢者と、その経験や知恵を活用したい企業との需要がマッチするビジネスモデルとして事業化してはどうかと提案した。

そしてさらに「オンリーワン」の強みとして特化させるために、シニア世代専門のキャリアサポートセンターの開設も提案した。

キャリアサポートセンターというのは、若年層の就労支援施設として全国各地にあるが、少子高齢化で高齢者人口がどんどん膨らんでいるにもかかわらず、シニア層の就労支援を強化する動きはほとんど見られなかった。この盲点を突き、高齢者の経験と企業側の求める人材とのマッチングサポート機能を充実させようとアドバイスした。

そうして展開した「高年社60」は、予想以上の反響を生んだ。

現在、1000人が登録し、そのうちの100人が派遣や直接雇用で働いているという。高齢者向けのキャリアサポートセンターは全国的にも珍しく、圧倒的な「オンリーワン」を創出することができたと自負している。

## 必要な資金をどう集めるか

会社を設立するには、当然ながらまとまった資金が必要なケースもある。店舗や機械装置・備品などの設備資金に加え、運転資金も用意しなければならない。そうした開業にあたっての資金調達を支援するのも、我々の重要な役割である。

どうやって起業家の資金調達をサポートするか。実際にあったケースで説明しよう。

東日本大震災、そして福島第一原発事故で被災し、その年（２０１１）の5月に福島県浪江町から富士市に避難してきた堀川文夫さん。浪江町で20年以上にわたって学習塾を経営。常に60人以上の生徒を教えていたというから人気の塾だったことがわかる。ところが原発から約10キロにあった自宅や塾は立ち入りが制限される警戒区域に入り、やむを得ず富士市のボランティアが無償で提供する住宅に移り住んできたという経緯だった。

故郷にはもう戻れないだろうと判断した堀川さんは、その年の10月に富士市で学習塾を再開させようと動き出した。

まず、被災者向けの『生活再建ハンドブック』や『事業再生ハンドブック』に書いてある国の融資制度を活用して、自宅と学習塾とを兼ね備えられる中古住宅を求めようと考えた。

ところが、ガイドブックにしたがって政府系金融機関などに借り入れの申し込みをしたところ、どこからも門前払いを受けたという。「罹災証明書がないと貸せない」とか「安定した収入がないとダメ」「現在の場所で実績がないと……」などという理由で。原発10キロ圏内で立ち入ることができない状況で証明書など取れるわけがないし、震災で仕事を失ったのだから、無職なのは仕方がないのに住宅ローンが組めないなど理不尽なことばかり。

結局、５つの金融機関から断られ万策尽き、八方塞がりになったときに、知り合いの新聞記者から紹介されて我々ｆ‐Ｂｉｚのもとにやって来られたのだった。

堀川さんは「わらをもつかむ思いだった」とあとから教えてくれたが、私から見てもまさにそんな状態だった。あらゆる手を尽くしてもうどうすればいいかわからない、と意気消沈されている堀川さんに私はとにかく希望を持ってもらいたいと「大丈夫です。かならず何とかなりますから」と力強く約束した。

もちろん、勝算あっての励ましだ。堀川さんは20年にわたって人気の学習塾を経営してきた経験と実績がある。資金調達さえうまくできれば、かならず軌道に乗せられるはず。ただし、急がなければならないと考えた。奥さまは疲れきった様子だったし、堀川さんご自身もかなりダメージを受けているのが伝わってきた。一刻も早く結果を出し、安心させたかったのだ。

そこで、地元の富士宮信用金庫に話を持っていった。同時期に、当時の専務理事が頻繁にｆ‐Ｂｉｚに相談に来ており、直接決裁権のあるトップにつなぐのが最短だとの判断からだった。すると１週間のうちに融資が決まり、２０１２年２月中旬に住宅を購入し、４

月からその一室で「学友会教育研究所富士教室」を開いた。

信用金庫に提出した創業計画では3年で15名、5年で20名の生徒を見込んでいたが、開業後1年を経たずして生徒が集まり、今現在、30名以上の生徒が在籍し、安定した経営を継続することができている。

## 体験から身につけたメディア戦略

短期間で成果を上げるには、新聞や雑誌、テレビなどのメディアの伝播力を活用して広く認知させることも重要な戦略だ。

私が起業家・中小企業支援のキャリアをスタートさせたのは、静岡市にある創業支援施設「SOHOしずおか」からだが、開所当初からメディアの影響力を強く意識していた。「あなたの好きなようにやってください」と言われた施設立ちあげ当初は、自分自身が起業家のようなもの。新しい取組みを始めたものの知名度はなく、なかなか思うように人が集まらなかった。まずは「SOHOしずおか」の存在を広く知ってもらうことが大事で、そのためにはメディアに取り上げてもらうしかないと考えた。

当時は静岡銀行からの出向という形で「SOHOしずおか」の運営に携わっていたため、メディア関係者とのコネクションなど一切なかったし、どうすれば記事や番組に取り上げてもらえるかなど皆目見当がつかなかった。

しかし素人ながら、日頃テレビや新聞を見ていて、メディアがニュースバリューがあるととらえ取り上げたがるのは、

1、ニュース性・話題性・新規性
　オリジナリティがありユニークなもの。他の媒体が取り上げていない新しい情報。「県内初」「業界初」などといわれるようなものも含まれる。

2、社会性
　現在の社会状況を反映するようなものだったり、社会課題を解決するようなソーシャルプロジェクト

3、共感性
　人々が「そのとおりだ」「よくわかる」と感情移入し、共感を感じられるものや人。

この3つが大きいのではないかという気がしていた。

そこで考えた。

SOHOしずおかは、この3つのうちのどれかに当てはまるだろうかと。まず浮かんだのは、「SOHO」というものに対する世間の認識である。当時は、全国紙の新聞でさえも「SOHOとは在宅ワーク」との認識しかなかった。しかし、私が考えるSOHOとは、スモールオフィスで働く起業家であり、事業主である。考えてみれば、弁護士や税理士、公認会計士、建築士など、およそ士業と呼ばれる人たちは皆、このスタイルで仕事をして

いる。ＩＴ化が進んでいくなかで、このスタイルで仕事ができる業種は急激に増えた。

時代をさかのぼれば、東京通信工業から始まったソニーだって創業時は小規模な事業体であったし、あのアップル社だってスティーブ・ジョブズが友人のスティーブ・ウォズニアックらとともに自宅のガレージからスタートした会社だ。どんなグローバル企業も、最初はスモールオフィスから始めるところがほとんどなのだ。

そこで「ＳＯＨＯしずおか」では、ソニーの井深大氏やアップルのスティーブ・ジョブズのような起業家精神と高い技術力やユニークなノウハウをもった人たちの起業を応援することを目的に掲げ、メディアにもここに特化してＰＲすることを心がけた。

具体的には、「ＳＯＨＯしずおか」のコンセプトを明確に示したリリース資料を用意し、地元テレビ局と地元紙を中心にメールやＦＡＸで配信した。興味を示してくれた担当者には、どんなユニークな起業家たちが施設を利用しているか、その顔ぶれと事業内容、進行中のプロジェクト内容を知らせることに注力した。

その結果、開所して１年が経つころにはポツリポツリと地元メディアから取材依頼が舞い込むようになり、「ＳＯＨＯしずおか」を利用したいと希望する起業家も増えるようになった。

そうしたなか、私個人への取材依頼については断ってきた。あくまでも主役は起業家たちであり、自分は黒子だとの認識が強かったのだ。地元で７割のシェアをもつ静岡新聞から2回ほど取材させて欲しいとの申し込みがあったが断っていた。しかし熱心な記者で、3度目の依頼をもらったときは断り切れず受けることにした。

掲載されるやいなや、たいへんな反響だった。「ＳＯＨＯしずおか」の存在を知らなかったが、起業を考えているのでぜひ相談にのってほしいという問い合わせや、名前は知っていたが、何をしているところか初めてわかったという声もあった。私は予想以上の反響に驚きつつ、こんなに多くの人に知ってもらえるのなら、ある意味、自分が広告塔となってメディアに出るのもやぶさかではない。そう思うようになった。

最初に挙げたメディア受けする情報の3要素。1のオリジナリティやユニークさという点では、創業支援施設は全国に他にもあったが、「ＳＯＨＯしずおか」がやっていることとはまったく違っていた。行政や官公庁主導の施設は表面的なアドバイスに終始することが多く、「箱物」に過ぎないとの批判も多かった。

しかし、ｆ-Ｂiｚで現在も実践していることだが、私は相談者一人ひとりの「売り」を見出し、どうすればその原石を光らせることができるかを一緒に考え、結果が出るまでとことん伴走し続ける姿勢で取り組んでいた。そんな創業支援施設は希有だ。そこに各メディアは注目してくれたのだろう。

また、他の媒体が取り上げていない情報という点でも、当時の「ＳＯＨＯしずおか」はまったくの無名。地元メディアもほとんどノーマークだったはずで、「静岡市にユニークなビジネス支援施設があるらしい」という程度の情報は、つねに新しい情報を探しているメディアにとっては飛びつくだけの価値があると思わせたのではないだろうか。

2つめの「社会性」。地域のなかで新しいチャレンジをしたいという起業家や、その地域に根ざし頑張る中小企業をサポートするのが「創業支援施設」であり「企業支援施設」である。全国的に開業率が低迷し、厳しい業況におかれた中小企業が大半を占めるなか、彼らの起業を軌道にのせ、苦境に陥っている企業の再建を担う我々の存在は、社会課題の解決をめざすソーシャルな活動といえるだろう。

最後の「共感性」。これは想像の範囲内だが、人は何かに挑戦する人たちのことを応援したいと思う。自分ではできないけれど、高い山に果敢に挑むチャレンジャーに共感し、夢を託したりするものだ。その延長で、挑戦者（起業家）たちをサポートする「ＳＯＨＯしずおか」に対しても、共感や支持を得られたのではないか。

これも今につながることだが、メディアがこぞって我々の取組みを取り上げるのは、共感性が高く話題になりやすいと考えるからではないだろうか。

このように、自分自身が「ＳＯＨＯしずおか」の存在を広く知ってもらうために知恵を絞り、メディアをうまく活用する方法を学んでいったことは、ｆ-Ｂｉｚでのメディア戦略に通じている。

## f-Biz流メディアプロモーション術

「ニュース性・新規性」「社会性」「共感性」の3要素は、f-Bizがサポートする起業家や中小企業を広くPRするときに、欠かすことができないポイントだ。

「この事業、この企業、この人を売り込むにはどのキーワードがふさわしいか？」「どれを際立たせると顧客や消費者が興味を示すだろうか？　そして結果的にメディアが関心を示すだろうか？」

つまりこの戦術はマーケット受けを狙っているのであり、新聞やテレビなどに取り上げられること自体が目的ではない。

しかしメディアに取り上げられることによって、認知度が短期的に高まることは間違いなく、新規顧客の獲得や販路拡大につながることは大いに期待している。支援機関として最重要なのは、相手のセールスポイントを見極め、それを最大限に活かす道を考え、売上を向上させることにある。

セールスポイントが明確で、それが「ニュース性・新規性」「社会性」「共感性」のいずれかに当てはまれば、こちらのプレゼンテーションの仕方次第で市場は反応し、またメディアが興味を持ってくれる確率は高い。そして、セールスポイントが明快なほど、戦略を立てやすく、結果が出るのも早い。私が長年、支援の現場に携わり実感していることだ。

これまでの支援実績を振り返ってみても、「これは新規性だな」「これは社会性が強みだ」「このストーリーは共感性が高い」というように、どの事例もかならず3つのうちのどれかに当てはまるものばかりだった。

たとえば、これまで紹介してきたケースでいうと、高齢者専門の人材派遣会社「高年社60」は、60歳以上に絞った人材派遣ということではオンリーワンの「新規性」があるし、少子高齢化問題から労働力不足が社会的に大きな課題となっているなか、働きたい高齢者層を労働力として積極的に採用したい企業とのマッチングをコーディネートしたという点からいえば、社会問題解決型ビジネスでもあり高い「社会性」がある。この観点から同社に提案した取組みがある。若年層の就職を支援する「ジョブカフェ」や「キャリアサポートセンター」はすでに全国各地に多数ある一方で、日本の人口の最大層でありより対応が難しい高齢者層に対するサポートセンターはほとんど存在しない状況であった。そこで、派遣だけでなく、シニア専門の「キャリア支援」に力を入れた事業展開を提案し、そのための拠点「シニアキャリアサポートセンター」がオープンした。

先に述べた意味からも同センターの開設はニュース性が高く大きな反響があり、複数のテレビや新聞が取り上げたことからその波及効果で、依頼企業や登録者数が飛躍的に伸びた。

また、福島浪江町から移住し「学友会教育研究所富士教室」を開いた堀川さんのケースは、明らかに「共感性」が高い起業事例だ。

震災から1年、さまざまな試練を乗り越え、念願だった学習塾を新天地で再開することができた経緯は、多くの人の共感とエールを獲得できるはず。私自身、堀川さんにここ富士で新たなスタートを切ってほしいという応援の気持ちが強かった。また支援機関として震災の被災者にどこまでどのようなサポートができるのか試されているというミッションを感じた。

そこで、リリースペーパーをつくり、地元テレビ局や新聞社に送った。この事例も反響は大きく、「やっと開ける再起の塾」「被災1年、前へ」などの見出しで新聞各社が大きく記事にしてくれた。テレビの報道では全国ネットで放送された。その影響もあり、保護者からの問い合わせが集中し、現在、30名以上の生徒を抱え、安定した経営を継続することに成功している。

このように、相談相手のセールスポイント、売りを明確にしたら、次に、どうやったら顧客や消費者が興味を示してくれるかを考え、ＰＲ戦略を立てる。

我々はＰＲ会社ではない。しかし、「相談企業が抱えている課題を解決し、売上を伸ばす」というミッションを実現する有効な手段のひとつとしてパブリシティを意識しているのだ。

## 短期間で成果を上げる「ワンストップ支援」

ＰＲ・広報活動は「ＳＯＨＯしずおか」開所時代から重要視していたと述べたが、私一人で、ここまで活発になったわけではない。2章でｆ‐Ｂｉｚのスタッフを紹介したが、各分野のプロたちがチームに加わったからこそ、ｆ‐Ｂｉｚのメディア露出実績が格段に伸びているのだ。

実際、ｆ‐Ｂｉｚを立ち上げた２００８年度のメディアによる発信件数は８カ月で１４７件だったが、直近の２０１４年度は４１８件に増えている。

創業支援や企業支援にあたる金融機関や商工会、中小企業診断士、税理士、会計士などは、財務や経営のプロではあるがＰＲやプロモーションは門外漢という人が多い。専門分野が違うのだから仕方がない。私自身、前に述べたように「こうすればメディアが興味を持ってくれるのでは」というアイディアは浮かぶものの、そのコンセプトを明確にしたり、キャッチコピーをつけたりするなど具体的な形にすることができない。

だからこそ、そうした分野に長けている人材をチームに加えることで、自分の「弱み」「足りない要素」を補強したのだ。

一つの支援機関で創業支援、企業支援に必要な要素のすべてが整っていること。つまり、「ワンストップ・コンサルティング」の実現が求められるなか、経営のあらゆる側面をサポートできる体制を整えるために、さまざまな専門領域をもつ機関とのネットワークは欠かせない。

金融機関であれば、マーケティングが得意な企業、宣伝・広報が得意な企業、ＩＴソリューションが得意な会社、デザイン関連会社などさまざまな企業を取引先に持っているはずだ。そうした企業と日頃から懇意にしておき、経営支援を行うなかで、新商品のＰＲやデザインなどに注力することで売上アップが見込めると判断した場合、これらの企業を紹介するだけでもサポート力が違ってくる。

また、公的機関の専門家派遣事業も積極的に活用するといい。たとえば、先にふれた中小企業庁の「ミラサポ」は、中小企業診断士、社会保険労務士、公認会計士、税理士、技術士、ＩＴコーディネーター、弁理士、弁護士などから専門的なアドバイスを無料で受けることができる。

中小企業基盤整備機構の「専門家継続派遣事業」も同様のサービスで、民間のコンサルタントと契約するよりも少ない負担でさまざまな専門家の派遣・指導を受けられる。相談企業の課題に応じて、こうした制度のなかから適切な派遣事業を選び、単に提案するのではなく、一緒にアドバイスを受けるといい専門家を見つけるところまで手伝うべきだ。地域金融機関の担当者は取引先企業の実態に精通しているはず。彼らが外部のさまざまな支援機関と連携をとることで、より効果的に事業再生が進むことは間違いない。

特に地域金融機関は、取引先の「強み」「弱み」を客観的に把握しているうえ、さまざまな業種の取引先の情報を収集しやすい。さらに、外部機関や各種団体・組合などとの接点があり、さまざまな情報収集が可能だ。こうした利点を大いに活用し、相談企業と支援機関や連携相手との橋渡し、コーディネートができれば、取引先の売上向上、事業再生に貢献することができるだろう。

国も支援機関同士が連携して経営支援に取り組むための連携体「地域プラットホーム」の形成を促進しており、地域金融機関や税理士法人などを積極的に認定機関として認定し、支援の担い手の裾野拡大に努めるとともに、支援力の強化に取り組んでいる。

支援機関や専門人材のネットワークによってワンストップ・コンサルティングが可能な支援機関が増えることによって、これまで期待するような結果が得られにくかった中小企業・小規模事業者の経営支援は好転するに違いない。

これまでも「ワンストップ支援」を標榜している支援機関はあったが、あまり成果が出ていない。なぜうまくいっていないのか。さまざまな問題点が考えられるが、一つの案件に対して一人の人間だけで携わっていることに大きな原因があるのではないか。

何度も繰り返すが、我々f-Bizでは、一つの案件に複数のアドバイザーが関わるケースが多い。経営、財務、IT、広告、マーケティング、デザインなどさまざまな専門家が、あらゆる切り口からサポートし、ビジネス化、業績向上に結びつけていく。ここに、他の支援機関との大きな差があり、我々が高い成果率を誇る理由があると認識している。

また国は、2014年6月にこのf-Bizをモデルに日本の全都道府県に1箇所ずつ「よろず支援拠点」と名付けた中小企業支援拠点を設置し、f-Biz型のワンストップ支援の全国展開を目指しはじめている。

企業支援に必要なのは、一人の支援担当者が多くの案件を抱えることではなく、一つの案件に、総合的かつ多角的な支援ができるか、そしていかに短期間で結果を出せるかにある。この点を肝に銘じて支援にあたっていただきたい。

## 業績向上を持続させるための継続フォロー

第2章でf-Bizモデルが成功している要因の一つとして、「継続的なフォロー」を挙げた。単発のアドバイスでは、仮に一時的に売上が改善されたとしても、根本的な問題解決ができていなければ、再び状況が悪化する可能性は高い。売上が改善され、安定した経営を維持できる状態に持っていくには、一定期間の継続的なフォローが必要である。ビジネスの課題は次々に出てくるものであり、それに対して的確なアドバイスをし続けることが成果につながる。

そうした実務的に加えて、「どこまでも一緒にサポートし続けますよ」という姿勢が、パートナーとしての信頼感につながる。何かあったときにいつでも相談に乗ってくれる専門家がいるという安心感は相手のやる気を高め、勇気づける。それが事業再生のスピードを加速化し、短期間での成果になっているのだ。

「継続フォローというのは、どれくらいの期間ですか？」

「支援の範囲は？　いったいどこまでサポートし続けなければいけないのですか？」

と聞かれることがあるが、私からするとナンセンスな質問だ。

どこまで支援するかといえば、「結果が出るまで徹底的に」である。企業支援とは、相手が求めていることに対して100％応えることがゴールであり、時期や範囲を事前に設定するものではない。

根本的な認識がおかしければ、成果の上がる支援はむずかしいのであえて厳しい指摘をさせてもらうが、我々のミッションは、相手の求めに応じて結果を出すことであり、いつまで支援すればいいかという発想自体がズレていると言わざるを得ない。

我々は「結果を出してなんぼ」の世界に生きている。

創業支援、企業支援を担う人たちには、このことをしっかりと頭にたたき込んでほしい。そういう意味でも、先に触れたよろず支援拠点事業は「結果の出る支援機関」を目指した画期的なプロジェクトとして期待している。

## 中小企業の大半が「売上」に悩んでいる

とことん「結果」にこだわる。結果とは、既存の企業であれば、売上向上であり、その結果業績が改善され、安定した経営を実現することである。起業家に対しても、その事業で売上を上げ、順調にビジネスをスタートさせることが我々の目指す「結果」である。

これまで中小企業支援の課題や悩みは多岐にわたっているので、経営から財務、販売、マーケティング、技術などそれぞれの分野の専門家が必要といわれ、配置されてきた。

15年にわたって企業支援の現場に携わるなかで見えてきたことは、相談の大半は売上に関する内容だということだ。私が支援家として活動した拠点地域は、静岡市、浜松市、富士市の3都市。商業の静岡、自動車・バイク・楽器の浜松、製紙の富士、とそれぞれ産業構造が異なり、相談に来る企業の業種も製造業からサービス業、小売業、情報通信業、農業水産業などさまざまだが、どの業種の人たちも一様に、「思うように売れない」「関心を持ってもらえない」など、売上についての悩みを抱えていた。**（図表5）**

**図表6**の相談目的別割合を見ると、販路拡大に関する相談が6割で、資金調達の相談は全体の1％だ。新商品開発や連携についての相談も、売上を伸ばしたいから新しい商品・サービスの投入を検討するわけだし、創業や事業全般についても、売上と無関係ではない。そうやって見ると、じつに相談の8割以上が売上にかかわるものである。

こうした現実から、中小企業支援で最優先すべきは「売上拡大」を支援することだと明言していいだろう。

これまでも繰り返し、中小企業の最大の悩みは売上だと述べてきた。

「売上を向上させる」と口で言うのは簡単だが、疲弊した地域経済でギリギリの状態で経営を続ける企業が少なくないなか、地元企業の売上を伸ばすのは非常にむずかしい仕事

図表5　平成26年度f-Biz相談者業種別割合

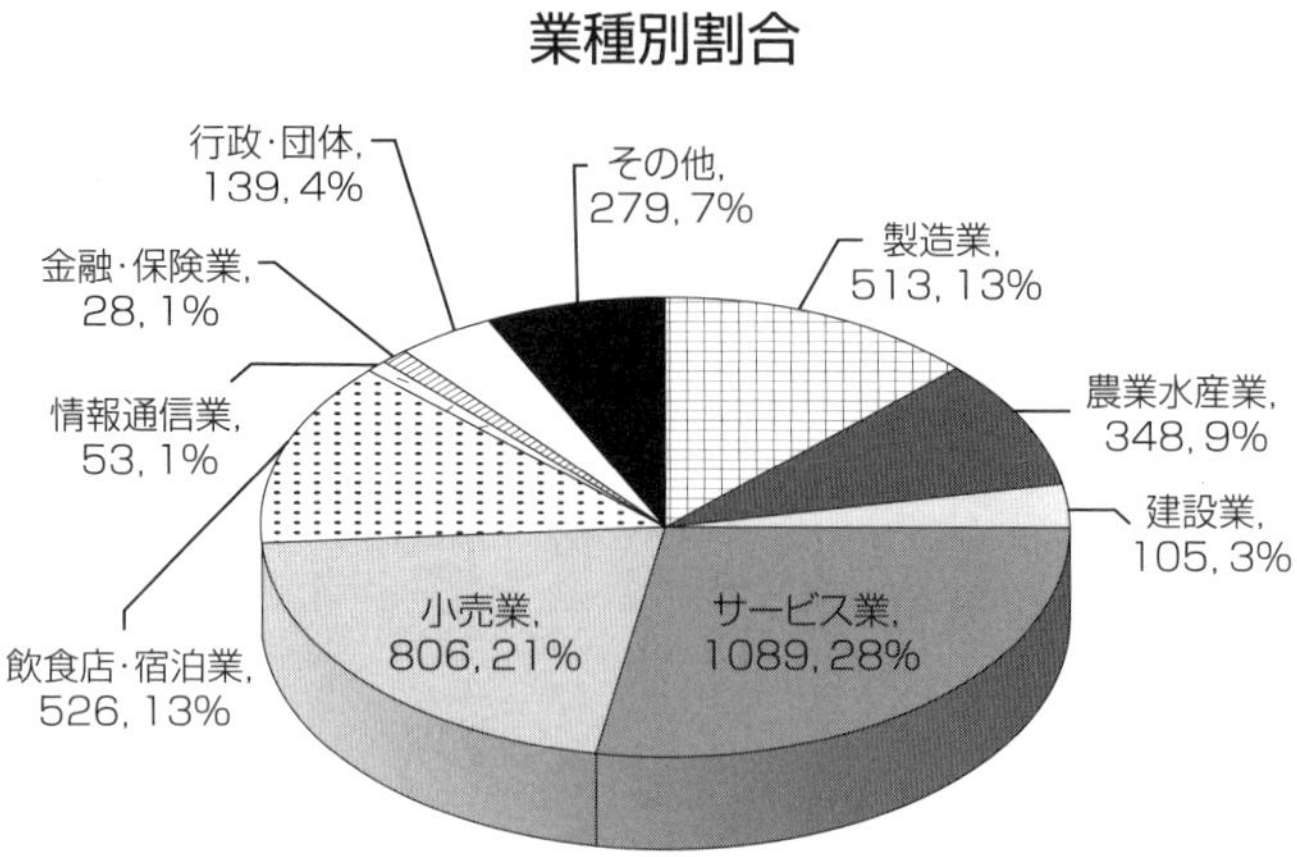


図表6　平成26年度f-Biz相談目的別割合

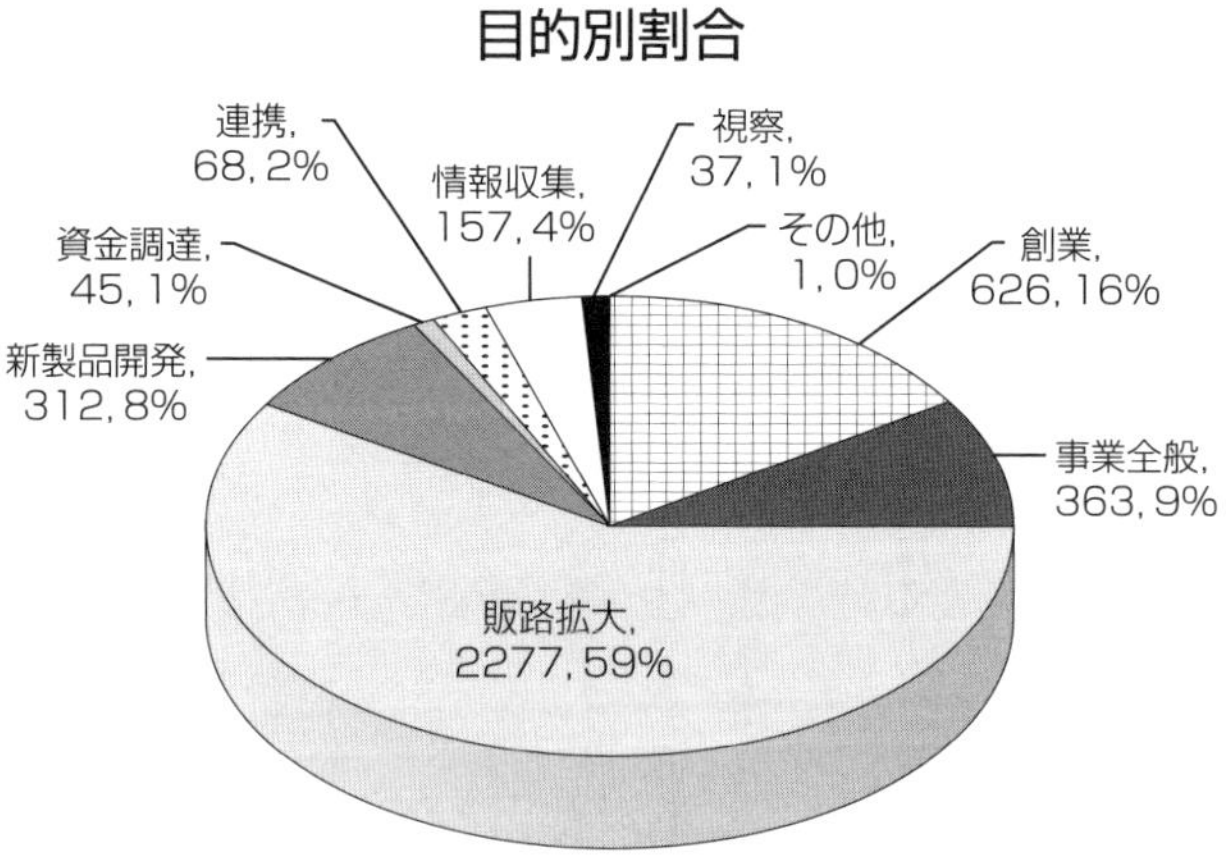

である。地方の中小企業、小規模事業者は、たいていヒト・モノ・カネ、すべての経営資源において課題を抱えている。

そうした厳しい状況に置かれている相談企業の売上を伸ばすには、お金をかけずに成果を上げるため〝知恵〟を絞らなければならない。私は、その〝知恵〟の源泉となるのがコンサルティング能力なのだと考えている。

## 真のセールスポイントはどこか

では、どうしたら企業支援におけるコンサルティング能力が身につくか。第一義的に売上拡大の支援を追求するなか、人・モノ・カネすべてに課題を抱える中小企業・小規模事業者に対して有効なアプローチは、「カネ」をかけず「知恵」を使って売上を伸ばすことだ。つまり売上向上につながる具体的な方法を示す「能力」が求められている。それがコンサルティング能力だ。

これまでの著作物や講演などでもかならず強調することだが、売上を伸ばす方法は３つしかない。

「販路開拓」「新分野進出」、そして「新商品・サービスの開発」である。

対象企業の事業内容や特性、地域性や市場性などを考えながら、３つのうちのどの戦略が効果的かを探り、具体的なプランを提案し、実現に向けてサポートしていくのである。

そこで最初に着眼するのは、真のセールスポイントはどこにあるかということ。これがこの会社、この事業、この商品の〝強み〟であり〝売り〟だ、というセールスポイントを明確にするのだ。起業家支援も中小企業支援も、すべての出発点はここにある。

それをベースにして、どんな相手に売れば効果的かを考え、ターゲットを絞るのが次の段階。売上不振の原因として、どこに売るか、誰を顧客にするのかのターゲットが絞り切れていないケースは少なくないのだ。

さらに場合によっては、単独で展開するよりもどこかとコラボレーションしたほうが効果的なこともある。必要に応じて連携を考えるのが3つめの段階である。つまり、具体的なコンサルティングの進め方としては、

**1ステップ：セールスポイントを明確にする**
**2ステップ：ターゲットを絞る**
**3ステップ：連携する**

この3ステップを踏んでいる。

大前提として大事な心がまえは、「セールスポイントはどんな企業、どんな人にもかならずある」と信じてコンサルティングに向かうこと。これは私がこの仕事に携わるなかで

いちばん大切にしている信条であり、真実である。また、そう確信して企業と向き合うことができるかどうかで、コンサルティングの成否が分かれるといってもいいくらい重要な姿勢である。

そして、「こうしたらいいですよ」「こんな会社と連携したらいいのでは」などと提案するだけではなく、自ら動く姿勢を見せること。売上向上には３つの方法があることを示したうえで、「どの方法が御社に適しているか、どんな戦略でいくか一緒に考えましょう」とパートナーであること、ともにチャレンジする覚悟があることを伝えるのだ。

そうすることで相手はこちらのことを信頼し、腹を割って話してくれるようになる。この人がそう言ってくれるなら頑張らなければとやる気と勇気を奮い立たせることにもなる。相手のモチベーションを高めることはじつはコンサルティングのなかでも重要な要素であり、人は前向きなチャレンジ精神を持てるようになると、がぜん経営改善にスピードが生まれ、短期間で成果が出るようになるのだ。

コンサルティングの３ステップと、それに基づいた売上向上のための３つの方法については前著『小出流ビジネスコンサルティング』（近代セールス社）に詳しく書いてあるので、ここではエッセンスのみまとめておくことにする。

## 経営改善する見込みがない企業への支援はやめるべき?

「どんな企業、人にもかならずセールスポイントはある」

さまざまな場面でそう述べているが、企業支援担当者のなかには半信半疑で、「そうはいっても斜陽産業で改善の見込みがない企業もあるのでは?」「経営難なのに努力せず、売れないのも当然じゃないかと正直思ってしまう会社もある」などという人もいる。

彼らは口にこそ出さないが、本音では「サポートしても無駄だから支援を打ち切るべきではないか」と思っているのだろう。

f-Bizがよろず支援拠点事業のモデルとなって以来、以前にも増してさまざまな場で講演をさせていただくようになった。地域金融機関からの依頼も非常に増えており、ある信用金庫主催のビジネス支援セミナーで基調講演を頼まれたとき、その信用金庫のトップがこう言った。

「いやあ小出さん、うちの取引先はやる気のない経営者が多くて困るんですよ。いろいろな改善プランを提案してもぜんぜん反応しなくて参りますよ」

このトップに限らず、地域金融機関の支店長クラスからもよく耳にする言葉だ。

しかし、私がいつも言い続けているように、やる気のない経営者などいるわけがない。

なぜかといえば、金融機関から融資を受けた瞬間に中小企業の経営者は自社の連帯保証人として名前を連ねることとなり、自宅などを担保として提供していることが多く、会社が潰れたら自分と家族の人生が破綻してしまう。そうした厳しい環境のなかで会社経営をしているのが中小企業の経営者の現実である。

こうした状況下にあって、経営が悪化してもかまわないと思っている人などいるわけがなく、「やる気がない」は勘違いもはなはだしい。

では、どうしてやる気がないように見えたり、無反応に感じたりするのかというと、提案している内容に価値がないから反応しないだけのこと。人間、価値のあるもの、意味のあるものと感じなければ動かないのだ。

「いろいろプランを考えて提案している」と言うが、その提案の中身に魅力がないから興味を示さないのだ。

こうしたケースは、じつは支援の現場でたびたび起きているのではないか。実際の支援現場をつぶさに見てまわったわけはないので断言はできないが、他の支援機関で相談していたが、まったく状況が変わらず、時間の無駄だと思って我々のところへ駆け込んでくる経営者もいる。

我々が相手のセールスポイントを的確に見出し、それをもとに具体的プランを立て、実行に移していくなかで、新商品が生まれたり、販路が拡がったり、有効な連携が実現するなどして売上が改善すると、かならずその経営者はこういう。

「ここに来る前に相談に行った支援機関が役に立たなかったので、f‐B·izもあまり期待していなかった。でも、相談に来るたびに前へ、前へと進めてくれて、実際、結果が出ている。全然、違いますね」

いろいろな支援メニューがあって補助金なども揃っているのに、相談者が来ない。だから、中小企業はやる気がない。それはまったくの見当違いだ。メニューを並べただけで、人が来るなら世話はない。そこに行ったら儲かる、今よりも経営が上向くということがわかっていたら、誰しも自ら進んで行くだろう。

中小企業支援の世界は、医療の世界に例えるととてもわかりやすい。全国どの地域においても心身に不調を訴える人はいて、そのすべての人たちが健康でありたいと考えている。そんな人々がどこの病院に行くかというと、治した症例を多く持っているとか、名医がいるとかいう病院に集中するものだ。最新の設備があっても、治した症例が少なかったり腕のいい医者がいなければ、人は集まらない。「人が来ない」支援機関は、今一度、自分たちの支援体制に問題はないか、根本から見直す必要があるだろう。

「経営改善の見込みがない企業は支援を打ち切るべき」という考えは、ナンセンスだ。f‐B·izがサポートしてきた企業の中には、経営に行き詰まり金融機関もなすすべなく倒産寸前の状態のものが数多くあった。そのような企業がf‐B·izのアドバイスにより再生した事例をいくつも生み出してきた。ろくなアドバイスもできずに、経営改善の見込みがないから支援を打ち切るべき、とは思いあがりだと言わざるをえない。

## コンサルティング能力で選ばれる時代に

何度でもくり返したいが、支援機関として中小企業・小規模事業者支援に取り組むうえで、もっとも大切なことは、かならずどんな企業、人にも「強み」「セールスポイント」があるという前提に立つことだ。

金融機関や税理士、会計士など財務の専門家は、どうしてもバランスシートの数字や業績だけで企業を判断してしまいがちだが、それだけでは企業支援はできない。

これまで地域金融機関など既存の支援機関は、中小企業や小規模事業者の再生支援に力を入れてきた。それ自体は評価すべきことだが、その実態は融資した企業が倒産などで債権の回収不能に陥ることを怖れての債権保全であり、自行の格付維持が中心だったのではないか。

本当の意味で、地域の企業を再生させるには、それぞれの企業が持っているセールスポイントを引き出し、その強みが最大限に活かされる戦略を立て実行（サポート）し、売上アップにつなげることだ。財務リストラやコスト削減といった従来型の改善策では根本的な解決には至らないのである。

企業支援に取り組んでいる方は、自分の担当する企業の売上拡大に貢献できているかどうか、今一度振り返ってみていただきたい。もし、貢献できていないのであれば、全力を挙げてノウハウ構築に取り組む必要があるだろう。

支援機関と位置づけられている地域金融機関や士業を営む人にとって、相談企業の売上アップにつながるコンサルティング能力を磨くことは、顧客から「選ばれる」ようになるということでもある。なぜなら、なんとかして収益を上げたいと思っている企業にとって、コンサルティング能力の高さが決定的な選択動機になる時代だからだ。

## セールスポイントの発見は1時間で

「セールスポイント（強み）の発見」は、コンサルティングの出発点であり、成功するかどうかが決まる重要なポイントである。

相談に来る企業は、逼迫した経営状況にあるケースも少なくない。その場合、できるだけ早く結果を出さなければならない。どうしたら短期間に売上拡大を実現できるか。

第一のステップのセールスポイント、強みを的確かつ素早く見出すことがまず求められる能力である。

どうやって相談企業の「強み」を発見しているか。f-Bizでは、メディア戦略のところで述べた「話題性・新規性」「社会性」「共感性」の3つの角度から探っている。

なぜこの3つかというと、これまでの成果実績を分析した結果、セールスポイントをこれらに絞ったケースが成功しやすいことがわかったからだ。

「真のセールスポイントは何だろう」と漠然と考えるより、先に3つのカテゴリーを決めておき、どれに当てはまるだろうかと絞り込んでいくほうが、的確かつスピーディーにセールスポイントにたどりつきやすい。

## ターゲットを「捨てる」。引き算マーケティングのすすめ

セールスポイントを明確にしたら、次の「ターゲットを絞る」ステップに入る。相手の強みを最大限に活かせるマーケット、顧客に向けて、どんなアプローチが有効かを考え、戦略を立てるのである。

商品やサービスは魅力的なのに、なぜか売れていない。業績が悪い。そうした企業は少なくない。その原因の多くは、顧客にその魅力が伝わっていない――つまり、ターゲットの絞り込みができていないケースがほとんどである。

特に商圏が狭く、商品アイテム数が少ない中小企業にとっては、ターゲットはできる限り明確にして、絞り込めば絞り込むほど成功しやすい。

ターゲットを絞ることは、「捨てる」発想である。自社製品・サービスは、このセグメントの消費者のニーズとはズレているから、思い切って対象外にするという、引き算のマーケティングなのだ。

たとえば、出版の世界。

ダイエットの本をつくるとき、ターゲットは男性なのか、女性なのか。美容目的か、健康目的か、全身痩身か、部分やせか、食事制限などストイックな条件を守れるタイプの人向けなのか、ずぼらな人向けなのか……などの要素でつくる本はまったく異なる。

このターゲットの絞り込みをせず、万人受けするダイエット本をつくったところで、既存商品との差別化ができず、類書の山に埋もれて読者に見向きもされないだろう。

すべてのクライアント、消費者を満足させる商品・サービスなど存在しない。取引先との面談では、この前提をベースにターゲットの絞り込みをすることが大事だ。

以前、トイレットペーパーにホラー短編小説を印刷した商品の商品化のお手伝いをしたことがある。斬新さはあるが、それだけを売りにしても「誰が買うか」「どこで売るか」が明確でなければ、一過性のキワモノ扱いされて終わってしまうだろう。

そこで、「ホラーファン待望の究極に怖いトイレットペーパー」というコンセプトで売り出すことを提案。ターゲットを「ホラーファン」に絞り込んだ。

その結果、全国の主要書店での大型展開が決まり、発売数カ月で30万ロールを売上げるヒット商品となった。

ターゲットを絞るというと、市場を狭める、ニッチになりすぎると思われるかもしれないが、そうではない。むしろ、ニッチから大きな市場に拡大させる可能性を秘めた賢い戦略なのである。

## 他社との連携が「1＋1＝∞」となるかどうか

セールスポイントの明確化やターゲットの絞り込みをしても、なかなか成果の上がる戦略やプランが見出せないという壁にぶち当たることもあるだろう。

そうしたときに、検討していただきたいのが「他社との連携」である。単独でビジネスを展開するより、同業他社や異業種の企業や団体などと連携することによって、「１＋１＝∞」の可能性が広がることがあるのだ。

連携で成果が上がるかどうかは、連携によって次の３つの価値が生まれるかどうかで判断する。

第一に、双方に何らかのメリットが生まれ、Ｗｉｎ‐Ｗｉｎの関係を築けること。かつて「スポーツ栄養士」と「弁当屋」を結びつけ、「スポーツ栄養学から生まれたスポーツ弁当」というヒット商品の開発をプロデュースしたことがある。栄養士だけでは商品開発はできても、大量生産、大量流通は不可能。また、弁当・総菜業者だけでは、「スポーツ栄養学に基づいた弁当」などという発想は生まれなかっただろう。連携によって、お互いにメリットが生まれた好事例といえる。

第二のポイントは、双方のニーズが明確で、相乗効果を生むこと。スポーツ弁当の例でいうと、栄養士はスポーツをする人たちにもっと栄養学的知識のつまった食事をしてほしいという思いがあった。一方の弁当屋は、新商品を開発して大きく展開したいという狙いがあった。両者のニーズが明確であったため、相乗効果が生まれたのである。

第三のポイントは、双方に新しい価値が生まれること。スポーツ弁当は、弁当屋にとっては、同業他社にない付加価値のある商品開発につながり、栄養士にとっては自分の知識をより多くの人に広められるという価値が生まれた。

連携を考える際には、これらの3つが揃うことが確実に見込める場合のみ、提案するようにしている。

## 業界の常識にとらわれて見えなくなっているもの

中小企業の経営者は、自分の会社や自社の商品について距離が近すぎて客観的に見ることができていないケースが多い。だから、自分たちの真のセールスポイントや進むべき方向性を見出せずにいるのだ。

似たような問題に、「業界の常識」に縛られてしまうことも多く見受けられる。

たとえば、産業用の機械や部品などを製作する製造業の人たちは、自分たちに求められているのはスペック（性能）だと思い込んでいる。だから、彼らが作るPRツール、パンフレットのようなものは、単なる製品の仕様書でしかないものがほとんどだ。型番や寸法など専門家にしかわからないような数字が並んでいるだけ。これまでの業界の常識から、ＢｔｏＢ的目線でしか考えていないのだろう。

しかし、取引先の経営者も含めて、すべての人が技術的なことに詳しいわけではない。ＢｔｏＣ的な発想で、ビジュアル要素を加えたり、見出しやインデックスをつけるなどしてもっとわかりやすいツールをつくれば、それだけで新規顧客の拡大になるかもしれない。

一般の消費者が目にする白もの家電のパンフレットは、仕様もきちんと明記されているが、中学生が見てもその特徴がわかるように平易に書かれている。産業用の機械も誰が見てもわかる仕様書にしたほうがいい。そんな提案をよくする。相手は、

「いや、これは一般向けではないので仕様だけ書いておけばそれでわかるからいいんですよ」と業界の常識で応じる。それに対し、

「決定権があるのは、経営者なのか経営企画部長なのかわかりませんが、かならずしもこれを見てわかる人ばかりではないのではありませんか？　もう少し一般寄りにわかりやすくするだけで売上アップにつながる可能性は大いにあると思いますよ」

などとお伝えしている。実際、製品説明書をわかりやすくしただけで引き合いが増え、売上が向上したケースは一つや二つではない。

一例、紹介しておこう。

富士市のプレス用金型メーカー増田鉄工所はもともと優れた技術を持っていた。通常、

複雑な大型金型を製造する際、従来は複数の部品を作って、それらを組み合わせるのが一般的だった。それに対し、増田鉄工所が開発した技術は、バラバラに部品をつくる必要はなく、一体構造で加工できるようにしたものだった。

この画期的な新技術により、製造費、設計費、事務処理費などのコストが大幅に軽減され、納期も約3割以上短縮が可能となった。

同社はこれを「一体構造金型」として売り出すものの、思うように成果が上がらなかった。そこで、f-Bizに相談にやってきたのである。

話を聞くなかで「売れない理由」は、セールスポイントがターゲット層にきちんと伝わっていないのではないかと感じた。「一体型構造金型」という名前は、その世界の専門家にはピンとくるのかもしれないが、わからない人間にはメリットが伝わらない。どこが「一体型構造金型」のすごいところかを改めて聞いてみると、5つの角度からコストダウンが可能であることがわかった。同社の顧客であるものづくり企業にとっては「技術力の高い金型」が魅力なのではなく、この金型がもたらす5つの「コストダウン」の効果を魅力と感じるに違いない。

そこで、それらのセールスポイントを明確に伝えるため、「金型革命5ダウン」という名前をつけることを提案した。

業界の常識からすると、金型には製品番号しかついていないのが当たり前。名前をつけるなどという発想は誰も思いつかなかったようだった。しかし、名前をつけることで商品価値が明確になり、大手上場企業からの大型案件を受注するなど販路拡大、大幅な売上増につながったのである。

企業は自社や自社商品の「売り」や「強み」を的確につかんで、それを効果的に売上に結びつけられずにいることが多い。その原因の一つに、自分たちの業界の常識に知らず知らずのうちに縛られてしまっていることがある。だからこそ、我々のような支援機関の存在意義があり、客観的な立場で成果の上がる方策をアドバイスすることが求められるのだ。

## 資金調達がうまくいかない、という相談を受けたら

相談内容の大半は売上に関する悩みだと述べた。その一方で、ここ2年ほどの間で「運転資金がまわらない」という相談が目立つようになってきた。

これも突き詰めれば、売上が思うように上がらないから運転資金に苦しむわけだが、目の前のキャッシュ不足を解消しないことには営業活動がままならない。そこで考えるのが、「どうすれば金融機関は融資をしてくれるだろうか」ということだ。

私は元銀行員であり、貸出業務にも当然携わってきた。その経験から、金融機関が前向きに対応するにはどうすればいいかのポイントはわかっているつもりである。

たとえば３００万円の運転資金を申し込んで断られたとする。そうした場合、他の融資

と抱き合わせで引き受けてもらえないかを考えるのだ。社長が住宅ローンを組んでいるとすれば、そのローンもまとめた金額、たとえば5000万円の融資をお願いできないかと話をもっていく。金融機関にとって300万円程度では旨味がないが、5000万円というまとまった金額ならば前向きに検討したいという話になりやすいのだ。

また、単独で資金が足りないから貸してほしいというのではなく、今度新しい商品を展開するのにあたって資金が必要なので、と言って事業計画書を見せると用意してくれるケースもある。

ここで支援機関として考えなければいけないのは、ただ単に運転資金が回らないということで貸し出しをするだけでは問題の解決にはつながらないということ。売上アップの方策なしに資金を投入したところで付け焼き刃の対処療法でしかない。この点を忘れてはならない。

そのうえで、このままでは倒産してしまう状況をなんとかするための資金調達は早急に対処していく。ただ「お金が足りないので貸して」では金融機関も対応に苦慮してしまうので、彼らが前向きに対応したくなるような新商品や新しい営業強化のプランなどを具体的に提示していくサポートが必要なのだ。

要は、金融機関がそういう見込みのあるプランがあるなら支援しましょう、と融資に値すると判断できる材料を提示できるかどうか。それがスムーズな資金調達のコツなのである。

## 求められているのは〝具体的〟な解決策

ｆ－Ｂｉｚ流のコンサルティング・ノウハウをあれこれと述べてきたが、これらはすべて「具体的にどうすれば売上が上がるのか、儲かるようになるのか」というアドバイスである。

この「具体的」が多くの支援機関ができていない部分であり、成果がなかなか上がらない原因にもなっているので、最後に「具体的」とはどういうことか示してこの章を締めくくることにする。

よくありがちなのは、「売上が伸びなくて困っている」などと相談を受けたとき、財務分析やＳＷＯＴ分析を行い、その結果を提示してあとはご自身で取り組んでください、という問題点指摘型の支援だ。分析だけしても成果をまったく生まないのは当然である。また、こんなのどうでしょう、と抽象的に提案するやり方。裏付けのないただの思いつきにしか受け取られないような提案だ。「こんなの」と言われても、具体的にどうすればいいのか、何から手をつければいいのかわからないから、状況が進展しない。

具体的な提案というのは、相手のセールスポイントを見出し、それが最大限に活かされるようオリジナリティを先鋭化させるプランを一緒に考え、新商品のネーミングや見せ方、売り方、サービスの内容、ＰＲ方法に至るまでを総合的にサポートし、相手がすぐに実行できるように資金面も含めての戦略を提示することである。

たとえば、従来のマーケットが縮小しているなら、別の市場にターゲットを変えてみたらどうかと提案することもある。具体的な成功事例を紹介しながらそのポイントを解説し、こういう業界にこんな売り込み方をしていけば反応があるはず。そのための商品パンフレットや新商品企画、ネーミング、PR方法も含めて一緒にアイディアを出しますよ、という具合に提案を広げていくのである。

いや、自分のところは企画会社やPR会社ではないので、そこまではできないということであれば、日頃からそういう分野に長けた会社とのネットワークをつくっておき、必要に応じて紹介すればいい。そこまでやって初めて「企業支援」といえるのだと私は考えている。


たしかに要求は高い。

しかしながら、このレベルのコンサルティングができなければ、売上不振に陥っている中小企業の業績を回復させることはむずかしいのだ。

次章では、高度なコンサルティング能力を身につけるために最も重要な「ビジネスセンス」を高める方法を開示したい。

キーワードは「情報」だ。

# 第4章

# 信頼されるコンサルタントがやっている情報のつかみ方・使い方・活かし方

## ビジネスセンスは「情報力」

さまざまな問題を抱えた企業や商店、個人事業主の売上を向上させ、継続的に安定経営ができるようにすること。また、新しく事業を興そうとしている起業家をサポートし、成功させること。それが、ビジネスコンサルタントの役割である。

f-Bizには、倒産寸前でにっちもさっちもいかなくなり、助けを求めてくる会社も少なくない。そんなどん底の経営状態にあっても、「強み」となる要素を探し出し、見せ方や情報発信の仕方などを工夫しながら、「売れない」状況から「売れる」「稼げる」会社へと導いていく。前章で紹介した防音設備メーカーの幸昭などはまさに、瀕死の状態からV字回復に成功した好事例である。

倒産の危機に瀕した企業を蘇らせるのは、当然ながら簡単なことではない。そのためには、非常に高度なコンサルティング力が求められる。

前に、支援者に最も必要な資質として、「ビジネスセンス」を上げた。ビジネスセンスとは、「知恵」とか「気づき」に近いもので、相談者の本質的な経営的課題を見出し、それを解決・成果に結びつけられる能力だ。

ずばり的を突いた「ひらめき」や「知恵」が生まれる源泉。それが「情報力」なのである。情報力とは、あらゆる情報のなかから、新しいビジネスの価値（イノベーション）につながるヒントを探り出す力ともいえる。

世の中に溢れる情報の渦のなかから、「売れる」「稼げる」企業に導くための価値のある情報を見つけ出し、集めた情報から売上アップにつながる知恵を出す。それが、ビジネス支援の現場で求められる「情報力」なのである。

では、どうやってビジネスに結びつきそうな「種」を見つけるのか。

まずは、ヒット商品や世の中の話題になっている事柄から探るとよい。

ビジネスの世界において、結果が出たもの、つまり大ヒットするなど成功したものの裏側には、かならず「売れる理由」がある。

なぜ、これがブレイクしたのか、消費者に受けているのはなぜか……。その理由のなかに、新しいビジネスや新商品を生み出すヒントが隠れているのだ。

ただし、単に情報を集めるだけでは、イノベーションを起こすことはできない。情報収集したものを日々の支援業務にどう活かしているか。情報から新しい価値を生み出し、企業の売上向上につなげているか。

私が習慣化している思考サイクルは次のとおりだ。

**「情報収集」→「調査・分析」→「知識」→「知恵（イノベーション）」**

インターネットが普及した現在、情報を集めるだけなら誰でもできる。しかし、それでは事実の断片があるだけ。集めた情報をどう読み取り（調査・分析）、知識を知恵に変えて新しい価値（イノベーション）を生み出していけるか。そこまでできてはじめて「情報を活用した」ことになるのだ。

## トレンドの本質をつかむ

情報のインプットからアウトプットに至るまで、私はおもに「日経テレコン21」というデータベースを活用している。

これは、全国紙各紙、47都道府県の新聞、業界に特化した専門紙、スポーツ紙まで約140以上の国内外新聞に加え、主要なビジネス誌や一般雑誌の記事、企業・マーケット・人事情報など、ビジネスに必要な国内外の情報が網羅されたデータベースである。これをうまく使いこなせば、短時間で正確にトレンドを読み取ることができる。

新聞記事は事実の集積であるから、ある事柄について時系列に並べてみることで、今何が求められているのか、どういうものを消費者は欲しがっているのかが見えてくる。データベースは、単なる思いつきや予測ではなく、事実であるから、より正確なビジネストレンドをキャッチできるのだ。

移ろいやすい時代のなかで、つねにニーズを正確につかむことができていれば、相談業務においても的確なアドバイスができ、企業の売上アップに貢献することができる。

データベースを活用する際、私がもっとも意識しているのは、最短、かつ正確に欲しい情報にたどりつくこと。

そこでポイントとなるのは、「検索キーワード」だ。

ネットを使った検索も同じだが、欲しい情報をなかなか引き出せない、という人もいるだろう。それは、調べようとすることの「本質」をつかめていないからだ。

たとえば、木工品メーカーと案件のディスカッションをしていて「オーダーメードの桐を使ったウォッチスタンド」にはどんなものがあるか、その可能性について調べたい場合、データベースやネットを使いこなせない人は、「桐製」「ウォッチスタンド」にフォーカスしがち。それでは、そうした商品があるかないかだけしかわからない。

しかし、ここで調べたい「本質」は、桐製のウォッチスタンドではなく、「高級ウォッチスタンドのトレンドと市場性」である。検索でヒットした情報をもとに、それを予測するのだから、商品の有無だけでは見通しを立てることは難しいし時間がかかる。データベースやネット活用の肝は、「本質」を考えるクセをつけることだと心得ていただきたい。

## 日常にあふれているビジネスの種

実際に、あふれる情報のなかからどうやってビジネスの種を見つけ出しているか、一例で紹介する。

私はどんなときでもつねにアンテナを張り巡らせているのだが、買い物をするときはトレンドをキャッチする格好の時間だと考えている。先日、スーパーで自分の朝食用にグラノーラ（牛乳やヨーグルトと一緒に食べるシリアルの一種）を買ったときのこと。グラノーラのコーナーがどんどん拡充されている様子には気づいていたが、ある報道を通じて知った数字にハッとさせられた。

日本スナック・シリアルフーズ協会によると、グラノーラの出荷額は２０１０年は49億円だったのが、11年は61億円、12年は94億円、13年は１４６億円とうなぎのぼり。２０１０年にシリアル専門店の草分けもオープンし、ファッション誌やテレビでヘルシーであると取り上げられたことなどが背景にあるようだ。

私はさっそくデータベースを使って売上を伸ばしているメーカーの事例を調べてみた。ある企業は、消費者調査の結果を受けて、それまで販売していたグラノーラの商品名をより顧客の理想に近づけたわかりやすいものに変更し、新たな商品ブランドとして市場に再投入。発売から１カ月で前年比６割増のヒット商品に生まれ変わらせていた。

市場ニーズの変化に注意しながら、適切な戦略を考えスピードをもって実行することの重要さを再認識させられた。

ヒット商品が生まれる背景を丹念に分析していくと、世の中のトレンドや消費者ニーズが見えてくる。こうした日々の情報の蓄積を、ビジネスのイノベーションに結びつけていくのである。

現在、インターネットの普及、膨大な情報量、マーケットの成熟などによって、消費者のニーズは多様化・細分化され、トレンドものすごい早さで変化している。

つまり、トレンドやニーズが読み取りにくく、今日つかんだことが明日には陳腐化しているかもしれないという時代感覚を忘れてはならない。

情報をまずつかむ。それを自分なりに分析し、知識に転換する。これは書物を読んで得た知識とは違う、生きた知識である。生きた知識の集積から知恵が生まれるのである。起業家を育て、経営者を支える我々のような仕事に決定的に必要な要素は、知恵（イノベーション）が生み出せるかどうかということであり、知恵の源泉が情報なのである。

日頃から「情報力」を高めるためのトレーニング、ありとあらゆるものから情報をキャッチする習慣をつけることが大事なのは、こうした理由からである。

## 成功パターンをストックする——「よっちゃんいか」の企業の取組みから

これがなぜ売れたのか。ヒットの背景を分析し、そのパターンをできるだけ多く頭に入れておくと、起業家や経営者からビジネスの相談を受けたときに、「実際に成功したこういうケースがあるのですが、御社のビジネスに応用できるのではありませんか？」などと、具体的な提案をすることができるようになる。

「よっちゃんいか」という駄菓子をご存知だろうか。クジ付きのカットしたイカ風味のおやつだ。メーカーは「スルメ」などのイカ加工食品を手掛けるよっちゃん食品工業。同社はイカが低カロリーであること、乾燥食品のため噛み続けることで満足感が増すことに注目し、パッケージに「1袋59キロカロリー」と表示したスルメイカ新商品「小さいサイズのするめシート」を発売した。シンプルで可愛らしいデザインのパッケージは、女性をターゲットにしていることが一目瞭然。狙いどおり、カロリーを気にする女性を中心に受け、ヒット商品となった。

ここからわかるのは、酒のつまみだったものを訴求するポイントを変えて、カロリーを訴えた瞬間に、女性向けのダイエット商品になったということだ。商品自体は「スルメ」なのに、形状などの見せ方を変えただけでこれまで未開拓だったターゲット層を取り込むことに成功したのだ。

これは食品でなくても、同じ理屈で転用できるはず。形を変えたりするなど光の当て方を変えるだけで、従来の客層と異なる層に向けての訴求が可能となる。この法則は、どんな商品・サービスにもいえる。「スルメシート」の成功が示すのは、元の商品は同じでも訴求したいターゲットに合わせた別の要素を強調することによって、これまでとは違うターゲット層を獲得できるということ。

成果が出ているものにはかならず理由があり、その理由を探り、成功のパターンを導き出すことが「情報力」につながる。それがひいてはコンサルティング能力を強化することになるというのは、こうした理由からだ。

要は、どれだけヒットのパターンが頭に入っているか。そのストックの量と質が、コンサルティング力に差をつけるのである。

## スーパーの折り込みチラシで「モノの見方」を訓練する

では、ビジネスに役立つ情報はどこでどのようにして収集・分析すればいいのか。

私自身が実際に情報ソースとして日々ウォッチしているものを挙げながら解説していこう。

まずは、身近なものから。新聞の折り込みチラシだ。特に、スーパーの特売情報などは主婦ニーズに直結した情報ツールである。私自身、定期的に、意識してチェックするようにしている。

スーパーのチラシからは、今何が売れ筋なのか、がよくわかる。あるいは、目玉の特売情報。〝目玉〟というのは、消費者が買いたいものとイコールなので、主婦目線がどんなものに集まるのか知ることもできる。

スーパーのイベント情報にも注目したい。以前、ある大手スーパーで全国駅弁大会を行っていた。駅弁というのは本来、各地の駅で販売するものだが、全国各地の名物駅弁を集めた物産展が百貨店でブレイクしたのをきっかけに、集客を狙うイベントとして商業施設を持つ主要駅や催事場などで開催されるようになった。

それが、今や身近なスーパーでも開催されるようになったのか。それだけ、「駅弁」というコンテンツは人を惹きつけるのだ。などと考え、そこから情報の深掘りをしていく。

そもそも、なぜ駅弁は受けるのか。スーパーで展開する勝機はどこにあるのか。スーパーでの成功を他のビジネスに活かすことは可能だろうか……。

季節商品も情報の宝庫だ。たとえば、節分に食べると縁起がよいといわれ、ここ数年でデパートからスーパー、コンビニ、弁当チェーンでも定番的ヒット商品となった「恵方巻」。

縁起ものとされる恵方巻は、1本1000円、2000円という普段ならば絶対に売れないであろう高額の巻物まで人気だ。ある百貨店では、ズワイガニの足が1本まるごと入ったものや、ブランド牛のステーキを巻いたものなど贅沢な恵方巻が完売状態だった。

しかし百貨店で恵方巻きを買う客層と、スーパー、コンビニで買う客層とはそれぞれ異なる。競争が激化するなかで、スーパーはどんな恵方巻で勝負をかけるのか。その内容によって、客層の分析ができるというわけだ。

さらに言うと、「健康的、安全、安心」志向の消費者が増えているにもかかわらず、スーパーのチラシで無農薬やオーガニックをうたった広告はほとんど見かけない。無農薬野菜を取り扱っているスーパーは増えているが、チラシを見て買い物に足を運ぶ客層とは異なるため、あえて訴求する必要がないのだろう。納豆ひとつとっても、「1パック69円」などと激安情報は載っていても、「どこどこ産のこだわり納豆」というところまでは書かれていない。しかし、成城石井や紀伊國屋などのハイクオリティ食材店であれば、その部分をアピールするだろう。納豆ひとつから、市場がまったく異なり、ターゲットが違うことがわかる。

だから、「スーパーのチラシごとき」ではないのだ。チラシからもじつに多彩な情報をつかむことができる。まずはそういう視点で、モノを見る訓練をしていただきたい。

## 海外ドラマもトレンド分析ツール

私は海外ドラマをよく観るが、娯楽として楽しむ一方で、ビジネスのトレンドを探っている。

たとえば、世界的ヒット作となったアメリカの『24-TWENTY FOUR-』。アメリカ連邦機関であるCTUロサンゼルス支局の捜査官を主人公にしたアクションドラマだ。シーズン1（2001年放送）では、使われている車に日本車が目立ったが、シーズンが進むにつれ、現代《ヒュンダイ》自動車など韓国車が目立つようになった。

そこから私は考えた。アメリカ市場における外国車のシェアは2000年初頭には日本車の占有率が高かったが、あるときから韓国の自動車メーカーが席巻しているのだろうと。実際、調べてみると、2014年時点で世界市場シェアの首位は、トヨタ、ゼネラル・モーターズ（アメリカ）、フォルクス・ワーゲン（ドイツ）、ヒュンダイ（韓国）、フィアット（イタリア）の順となっている。『24－TWENTY FOUR－』のシーズン2が放送されていた2003年に、ヒュンダイは10位だったのだから大変な躍進である。

アメリカでの韓国車シェアが高まっていると同時に、ヒュンダイがアメリカでのシェア拡大を狙い、PR戦略のひとつとして、製作会社にアプローチしていることも見て取れる。

自動車だけでなく、カメラやパソコンなどの小道具、ファッションなどにも、日本のメーカーの位置づけ、世界のトレンドが見えてくる。このように、海外ドラマは、海外のトレンド分析をするのにかっこうのツールとなるのだ。

## 飛行機では機内の通販カタログをチェック

仕事で全国各地に出張する人も少なくないだろう。出張は、移動や宿泊するホテルも含めて、情報収集の宝庫である。

まずは飛行機のなかで。いつもチェックするのは、機内の通販カタログだ。主要なところでいうと、『JAL SHOP』と『ANA SKYSHOP』である。裏表紙にフェラガモやティファニー、ブルガリなど海外の一流ブランドが広告を出すようなこれらの機内誌でモノを買うのは、明らかに富裕層だ。

高級志向でこだわりの強い人たちが興味を持つ商品とはどんなものか。機内のカタログを眺めていると、いつも新しい発見がある。

決して、高級ブランドばかりが並んでいるわけではない。あまり知られていない企業の商品も時折見かける。無名なブランドでも、通販のバイヤーが「これは売れるだろう」と見込んだ選りすぐりの商品であるはずだ。だから、見たことのないブランドや珍しい商品が展開されていると、「おや？」と目が留まる。その「これはなんだろう？」という感覚、「面白そうだ」という消費者目線で情報をインプットすることが大事で、情報ストックとして頭の中の引き出しにしまっておくと、何かの機会に役立つことがあるのだ。

昔、機内のカタログをいつものように眺めていたとき、フランスのスキンケアブランド「ロクシタン」のお試しセットが目に留まった。今でこそ、全国の主要な百貨店や駅ビル、路面店など、あちこちで見かけるようになったブランドだが、当時は、出店が限られていて、ほぼ無名に等しかった。

私もその名を知らず、主力商品であるらしい「シアバター」という保湿成分を使ったハンドクリームやリップクリームなどが並んでいた。洗練されたパッケージも含めて、女性に受けそうだと意識していたら、あれよあれよという間に百貨店にコーナーができ、駅ビルの目立つところに出店するようになっていった。

そうした経緯を振り返ると、ロクシタンは日本進出を成功させるための発火点として、高級志向の層が見ている『JAL SHOP』や『ANA SKYSHOP』をPR媒体の1つとして選んだのではないかと推測できる。

飛行機に乗ったとき、そういう意識でカタログをチェックしておくと、富裕層を狙った商品を扱う会社の経営支援を行う際に、何かヒントが見つかるかも知れないし、富裕層狙いでなかったとしても、商品特性を見極めたいときに、「これは富裕層向けのほうが売れる」という発想の転換につながるかもしれない。

## 地方出張では「地元情報」を深堀する

電車での移動であれば、目的地の駅で情報収集だ。乗降客の様子と、駅前の商店の有り様をパッと目に入れる。そのまちが、商業としてどのような可能性を持っているかを見て考えるのだ。

首都圏の場合、どんな郊外の駅であっても、駅周辺には飲食店やファストフード、ドラッグストア、スーパー、コンビニなどがひしめきあっている。それは、乗降客数が多く、住んでいる人が多いまちの証拠である。これが地方都市に行ってみると、まったく状況は違う。シャッター通りが目立ち、人もあまり歩いていない。まちというのは、たいていは駅前に賑わいがあるはずだが、そうでないとしたら、このまちに住む人たちはどこで買い物をしているのだろう？　と考えてみる。まちの人が消費をしていないわけがないのだから、かならずどこかに消費者をひきつける商業施設があるだろう、あるとしたら……と考えをさらに深めていく。

また、地方都市の駅では、かならずキオスクや地元物産コーナーをチェックするようにしている。ディスプレイのされ方によって、観光に対する力の入れ方がわかる。土産物も、どんな価格帯のどんなものが置かれているかまで見る。そのまちで愛されてきた伝統的な銘菓があるところもあれば、どこに行っても見かける温泉まんじゅうやクッキー、サブレなどしかないところもある。特に売れている商品があれば、どうすれば特産品が活きるかというヒントが見つかる。

山口市に出張したとき、キオスクの目立つところに「ういろう」が並んでいた。店員に聞いてみると、山口を代表する銘菓で、いちばんの売れ筋商品だという。ただ見るだけでなく、現地の人に聞いてリサーチすることでつかめる情報がある。場合によってはさらにネットやデータベースで調べることもある。地方のキオスクで目についた事柄を深掘りすることで、情報を生きた知識に変えていけるのだ。

気になったことは、素通りせずに聞いたり、調べたりして確かめる。

その習慣をつけておくと、**情報収集→調査・分析→生きた知識→知恵（イノベーション）**のサイクルが生まれやすくなるのだ。

仙台に行ったときも、仙台の銘菓といえば「ずんだ餅」という認識はあったが、地元の人たちはどこで買うのだろう、という疑問が湧いた。そこで泊まったホテルのフロントで女性スタッフに聞いてみた。「このまちでいちばん有名な、地元の人が買うずんだ餅はどこですか」と。教えてくれたのは、都内のデパートなどにも出店しているような有名なところではなく、仙台で古くから続く老舗和菓子店だった。なるほど。地元のひとに愛されているのは、やっぱり地元の老舗店であり、ずんだ餅は大量生産を前提とした土産品ではなく、昔からずっとこの地域の人たちに親しまれてきた伝統菓子だということがわかる。

私はいろいろな場面で「いちばんの売れ筋は?」「それを置いている店のなかでも人気店は?」と聞くようにしている。いちばん売れているものから、なぜそれが売れているのか、どういう人たちが買っていくのかを分析することで、思いがけないビジネスの種が見つかることがあるからだ。

土地勘のない地方では、特に地元の人の声が大事だ。書物やインターネットなどのメディアで得られる情報と生の声に違いが出やすいからである。

ずんだ餅についていえば、ネットで検索すると、羽田空港にも出店しているようなメーカーなどがトップに出てくるが、仙台の人に聞くと、他の店をあげる人も多かった。ネット上の情報は観光向けだが、地元情報は違うのだ。観光客向けに展開するなら大量製造ができることが前提になってくるが、そうではなく手作りにこだわった店が地元の支持を受け、少量生産しかできないからこそ隠れた名品になっていくのかもしれない。

## 情報の信頼性を調べるのは基本中の基本

ネットの情報は、意図的にコントロールすることができる。

ネットのなかには口コミで評価が高まるなど消費者の声として信頼できそうなものももちろんあるが、ウェブサイトやブログで企業が自身で発信する情報は自身にとって有利にうつるものしか出さないし、一部では、検索の上位にくるようにサイトを設計するＳＥＯ対策や、ネットショップのランキングで上位になるように買い占めるなど、人為的に情報が操作できることも否めない。だからかならずしも正確とは言い難い情報が少なくない。

これはテレビ番組や雑誌記事などの既存メディアも然り。デフォルメされたり、フィルターがかかっている可能性があり、実態に即したリアルな情報とは限らない。

それに対して、地元の人たちが「ここがおすすめ」「これがいちばん人気」というリアルな声は率直な消費者の声だと思ってまず間違いがない。地元の人たちは消費者でもあり、既存メディアのような〝意図〟が介在しないため、そのものの真の姿を映し出ている。

ただ、人々の声だけでは情報として心許ないだろう。そこで、地方でさまざまな聴き取りをしたあと、新聞記事データベースを使って情報の信頼性を調べるようにしている。それも、１つではなく複数の記事と照らし合わせてみることで、実態に即しているかどうか絞り込むことができる。

これは、口コミ情報に限らず、どんな情報ソースに対してもいえること。どこで得た情報であっても、客観的なデータでの〝押さえ〟は必須である。

## データベースでより正確な〝旬〟をつかむ

どこへ行っても、何をしているときでもビジネスの〝種〟を探しているわけだが、そうすると、目に飛び込んでくるもの、耳に入ってくる情報から感覚的に「これは売れるに違いない」と感じることはたびたびある。

直感は大事だ。しかし勘や限られた情報のみで判断すると、トレンドや流行を読み違える危険性がある。その点、新聞記事データベースは客観的情報の宝庫。そこから、潜在ニーズや、ヒットが予測されるものを正確に読み取ることができるのだ。

実際、どうやって情報の〝押さえ〟をとっているのか。例で説明する。

富士市に「和田屋」というかりんとう専門店がある。2012年5月、経営者から「かりん糖専門店で起業したい」と相談を受けたとき、一瞬、「そんな目新しさのない商品で大丈夫だろうか」と思ったが、あることを思い出し、可能性はあるかもしれないと思い直した。

それは、その頃東京駅のグランスタやエキュートなど流行の先端が揃う商業ビルで、かりん糖専門店がブレイクしていたのを知っていたためである。ただ、首都圏でのヒットが地方で通用するとは限らない。データベースを用いて、「かりん糖」「専門店」のキーワードで検索してみると、各地に専門店が増えている記事が何十件もヒット。この段階で、仮説が「かりん糖専門店」は全国区のトレンドだという気づきに変わったのである。

さらに和田屋は40種類以上の味のバラエティと、少量でも買える小包装販売（200～400円前後）で勝負するという。手軽で、選ぶ楽しみがあるのは、女性をターゲットにした人気かりん糖専門店と同じ戦略。成功する可能性が高いと判断し、起業家として積極的にサポートした。

実際、和田屋が開店したときは警備員が必要になるほどの行列ができ、大好評のうちにスタートを飾ることができたのである。

これがもし、データベースを用いず、勘や直感だけに頼っていたら、昔のイメージにとらわれ、「かりん糖など流行るはずがない」と読み間違えていただろう。このように、正確に〝旬〟をとらえ、トレンドを先読みするのに、新聞記事データベースは欠かせないツールなのである。

## 企業のホームページからヒットの方程式を探る

ジャンルにかかわらず、どんなものでもヒット商品についてはつねにチェックするようにしたい。どんなコンセプト、ターゲットで開発された商品なのか、なぜ売れているのかを分析するために、ぜひ情報収集ツールのひとつとして取り入れていただきたいのが、企業のホームページだ。

それなりの規模の企業であれば、ホームページにかならず「ニュースリリース」か「プレスリリース」があるはずだ。企業が広報活動の手段として、新製品情報やイベントなど自社の情報を公開するもの。コンセプトやターゲット、開発プロセスなど詳細に記されていることも多く、私は注目する企業の活動やヒット商品など、気になることがあると真っ先にリリースをチェックするようにしている。

特に、ヒット商品についてはぜひチェックしていただきたい。企業がどのような考えでその商品をつくったかが端的に記されており、ヒットのパターンをつかむのに非常に参考になる。

グリコの定番菓子に「ビスコ」というクリームサンドビスケットがある。昭和8年に発売されて以来、ロングセラーの商品。もともとは、3~6歳の幼児向けの商品だったが、ここ最近、コンビニに5個しか入っていないミニパックが並んでいるのを目にし、気になっていた。明らかに割高だが、小さくてかわいい食べ切りサイズのパッケージは若い女性向けだろうと予測がつく。

実際、グリコのサイトをチェックすると、ビスコミニパックという商品名で「10~20代の女性」を対象にしていると明記されていた。商品説明のページには「ちょい食べにぴったり！」とある。女子高生やＯＬが小腹がすいたときに、つまめることを想定し開発したことがわかる。

ビスコはこれまで、幼児とその母親が中心の顧客だった。それが、パッケージ・容量を変えることで、新しい顧客獲得に成功したわけだ。また、子どものおやつだったが、乳酸菌たっぷりで、カルシウムやビタミン類も豊富という特性を活かし、バランス栄養食としての売りを打ち出すことによって、カロリーメイトのような位置づけを開拓している。

こうやって企業のニュースリリースから商品説明まで見れば、どこまで考えて商品開発をしているか、ターゲットを絞り込んで売ることが新たな顧客層の確保につながるということなどがよくわかる。

## 潜在ニーズを掘り起こしたキリンメッツコーラ

少し前のことになるが、２０１２年４月下旬、私は出張で沖縄にいた。喉が渇いたのでドリンクを求めてコンビニに入ると、最初に目に留まったのが「キリンメッツコーラ」だった。私は、どういうことだろう、と注目した。日本のコーラ系飲料市場は非常に独特で、日本コカ・コーラが圧倒的シェアを占めている市場。それを追いかける２位のペプシコーラも苦戦しており、ダイドーやアサヒ飲料も挑戦するが、ことごとく失敗している。そうした寡占状態のマーケットにキリンはあえて勝負をかけてきた。そのことにまず驚き、急ぎ買ってみたのである。よく見ると、「特定保健認定食品」のマークがある。

特定保健認定食品、通称「特保」とは、「おなかの調子を整える」「食後の脂肪の吸収を抑える」など、特定の保健機能を表示することが許されている商品のこと。

「コーラに特保」。その手できたか、と感心した。飲んでみると、なかなかウマイ。正直に言って、特保の商品は、「おいしい」には遠い、どこか人工的な味が気になるものが多いなか、キリンメッツコーラは、爽快でゴクゴクと飲み干してしまった。これはいい。

好感を得るとともに、考えたのは「どれくらい売れるのだろう」ということ。すぐにキリンのホームページにアクセスし、キリンメッツコーラの商品情報やニュースリリースをチェックすると、2012年4月26日発表のニュースリリースで、「発売後わずか2日で年間販売目標の5割を突破」とある。

たったの2日間で、年間販売目標100万ケースの半分、つまり50万ケース以上を売上げたというから、間違いなく大ヒット商品である。さらに見ていくと、同年5月15日のリリースで、年間販売目標100万ケースを上回る販売数を突破したとある。20日間で100万ケースとは快挙中の快挙。爆発的なヒットだ。

情報を得たら、そこから分析に入る。なぜ売れたのか。何が消費者に受けたのかを自分なりに掘り下げ考えるのだ。

振り返ってみると、子どもの頃からずっとコーラは不健康な飲み物だと刷り込まれてきた。今でこそ、カロリーゼロの商品も出ているが、昔は糖分のかたまりのような高カロリーの飲み物で、健康的な飲み物とはほど遠いと思われていた。

それがカロリーゼロのうえに、「食事から摂取した脂肪の吸収を抑え、排出を増加させる」成分を加えることで、コーラ系飲料のなかで初めて「特保」として認められた。

その結果、これまでの「コーラは健康的ではない」イメージから「健康にプラスとなるコーラ」という正反対の商品価値をアピールすることに成功したのだ。コーラは好きだけれど、体によくないからと後ろめたい気持ちで飲んでいた人たちが、「特保のお墨付きコーラなら気にせず飲める！」と飛びついた。加えて、これまでコーラを飲まなかった層を新たに取り込み、わずか20日で１００万ケース販売という爆発的ヒットを記録したのである。

この事例からわかるのは、コーラという確立された市場であってもビジネスチャンスがあるということ。もう入り込む余地はないと思い込んでいたところにも、ニーズとターゲットさえ押さえられれば、キリンメッツコーラのように大きな成果を上げることができるのだ。

そういう認識を持っているのといないのとでは、ビジネス支援をするときのスタンスがまったく異なってくる。寡占市場に挑戦しても無駄だとか、衰退産業だからテコ入れのしようがない、といった固定観念を拭えず、新しい発想を生めなくなってしまうのだ。

さらに重要なのは、そこで得た情報、知識をどうやってビジネスに活かすかの知恵を絞ること。それは、誰も気づいていない、埋もれたニーズの発掘である。

つまり、コーラ好きの人、コーラを飲みたい人にも、健康でいたいというニーズはある。この点、各飲料メーカーはカロリーを抑えることだけに注力してきた。しかし、キリンメッツはもっと踏み込んで、「飲んで健康になる」という既存のコーラ市場になかった付加価値をつけた新商品を世に送り出した。

健康に関心を持つ層が明らかに増えており、特保の市場が膨らんでいるなかでの「特保コーラ」。大ヒットしたのは、「コーラは飲みたいけれど、健康にも気を遣いたい」という潜在ニーズの掘り起こしに成功したからだったのである。

## 売上アップを実現させる3つの切り口

ところで、どのようにして情報力をビジネス支援の現場に活かし、相談相手の売上アップに結びつけていくか。第3章で述べたように、次の3つの切り口を意識している。

**①セールスポイント（強み）を発見し、活かす**
**②ターゲットを絞る**
**③連携する**

ここから、この３つの切り口で、情報の活用方法を示していくことにしよう。

## ①キーワードから「強み」を発掘する

まず、情報からセールスポイントを発見する方法。ここでいう情報とは、相談企業との面談のなかで得られるキーワードから探り出せるものを差す。

ある業務用食品加工会社は、食品メーカーなどから食品加工やレトルト食品の製造を受託していたが、注文が激減し、このままでは廃業もやむなし、という状態だった。最初の面談で社長はこう言った。「設備の老朽化が激しく、小ロットしか生産できないため、大手メーカーなどからの大量受注に応えられない」と。具体的な個数を聞くと、１００個からだとのこと。

たしかに大手を相手にしようとすると、「小ロット生産」はマイナスかもしれない。しかし、食品加工の需要は、何も大手ばかりではない。「千や万の単位では多すぎる。もっと少ないロットで頼みたい」というところはあるはず。実際、ｆ-Ｂｉｚには飲食店や農業従事者からそういった相談を受けることが何度かあった。

実際、小ロットで請け負うところはどれくらいあるのだろう。調べてみると、少なくとも１０００以上で、１００単位の小ロットを引き受ける企業はほぼ皆無だった。

ということは、「１００個から加工できる」ことこそ、この会社最大の優位性であり、オンリーワンの強みとなり得るはず。

社長はさらに「どんな食材を持ち込まれても、望みどおりに加工できる」と言い切る。ならば、「100個から開発・製造を受託できます」「どんな食材でも加工できます」というコンセプトを明確にし、小規模な農林漁業者や飲食店をターゲットに絞ったPRを展開すれば、かならず顧客層を広げることができるに違いない。そう確信し、新サービスを開始したところ狙いはズバリ的中。ホテルチェーンなど新規顧客からOEMレトルト商品の注文が急増し、販路拡大につながったのである。

この事例の肝は、「小ロットしかできない」とマイナスにとらえるのではなく、「小ロットだから取引したい」という、ニッチながら確実にニーズのあるところにターゲットを絞り、「強み」に仕立てたことにある。

しかも、「小ロットに需要はあるはず」という直感に頼らず、同様のサービスを行う企業の有無を調査し、日頃のコンサルティング業務のなかで「小ロットでお願いしたい」という事業者が確実に存在することを情報として押さえていた。

情報から「強み」を見つけるとは、こういうことである。

## ②「ターゲット」を絞る

相談企業の商品、サービスを最も必要としている層、喜ばれる層はどこか。ターゲットを絞り込むときにも、日常の情報収集の成果が試される。

ビスコの例然り、特保コーラ然り。これらは明確なターゲット層に向けて開発された商品である。特に、食品・飲料のターゲティング戦略はわかりやすいものが多いので、誰もが知っているようなヒット商品は、どんな層に向けて、どのような狙いで開発されたものなのか、どれくらい売れているのか、情報をキャッチしたものは調べて分析しておくとよい。ヒット商品のパターンをたくさん蓄積しておくことによって、相談案件に照らし合わせながら、ビジネスチャンスのアイデアが浮かぶようになるはずだ。

具体的に、どうやってターゲットを絞り込んでいるか。実例をもとに考えてみよう。伊豆大島特産の椿油を製造販売している「サトウ椿」という会社である。

椿油というと、髪の毛や肌につける化粧品のイメージが強いが、この会社では、化粧品用の他に食用の椿油も販売しているという。しかし、認知度が低く、高級品のため思うように売れない。どうしたらいいだろう、という相談だった。

まず、「食用の椿油」がどのようなものか商品特性を尋ねた。

すると、椿油はサラッとしていてクセがなく、酸化しにくいので天ぷらなど揚げ物にピッタリなのだという。しかも、外資系高級ホテルの天ぷら店や、天ぷら専門店の天ぷら油として使われているとのことだった。

「最高級クラス店の天ぷらのプロが選ぶ油」。そこにピンときた。これこそがこの商品の最大の「強み」だ。「天ぷら専用の油」であることを前面に押し出し、強みを明確にし、さらにターゲットを天ぷら専門店や高級料理店、そして高級志向の食にこだわる層に絞り込んだ戦略で仕掛けてはどうかと考えたのだ。

この予測が的外れでないことを確認するため、データベースを用い、食用椿油の市場調査を行った。「椿油」「食用」で検索すると、過去7年間で135件ヒット。さらに「天ぷら」で絞り込むと、たったの7件しかない。記事の全文を1件1件チェックすると、天ぷら専用の椿油商品は一つも見当たらず、競合がまったくないオンリーワンの商品であることがわかった。

希少性が高く、商品価値は高いのに、ほとんど知られていないのが天ぷら油としての椿油だということ。つまり、誰のための商品かターゲットを絞り込み、効果的な見せ方・伝え方ができれば、ブレイクするチャンスはある、と確信を得たのである。

「天ぷら専用の油」とパッケージに謳い、「からりと軽く揚がる」「サラッとして食材の風味を活かす」「劣化しにくい」といった椿油の特性を打ち出したところ、天ぷら専門店や日本料理店からの問い合わせが急増。最大で30倍の売上アップに成功した。

客観的なデータを押さえることで、ターゲットを明確に絞り込むことができる。ターゲットは誰か。商品の先に具体的に見えるようになると、どんなキャッチフレーズが響くか、パッケージデザインはどんなものがいいかなどもはっきりしてくるのだ。

### ③「連携」にふさわしい相手を見つける

同業他社や、まったく別分野の企業や各種組織とのマッチングによって、新しい市場が拓ける。この「連携」を考えるときにも、情報力がものをいう。

大前提として、連携が成功する条件は、双方にとってメリットがあり、相乗効果を生むものであること。実例で説明しよう。富士市のホテルと、その地域で活躍する各界のカリスマが連携し、「ビジネスツアー」という新しい観光商品を生み出し、成功したケースである。

私が活動の拠点を置く富士地域は、世界遺産であり、日本最大の観光資源〝富士山〟を持ちながらも、観光スポットを巡るツアー客は宿泊せずに移動してしまう傾向があり、宿泊客の確保がむずかしいという課題を抱えていた。

地元の老舗ホテルから「平日のホテル利用客を増やしたい」と相談を受けたとき、改めてその土地に宿泊したいと思わせる魅力とは何か考えてみた。

観光資源とは、「自然」や「歴史」、「食」などだけではないはず。ターゲットを絞り、効果的にＰＲができれば、これまでの宿泊のあり方を変えられるのではないか。

私が注目したのは、「人」という資源である。富士地域には、全国的に名の知れた各界のカリスマがいる。有機野菜の生産も手がけるフレンチレストラン「ビオス」を経営する松木一浩氏、「富士宮やきそば」というご当地グルメを活用した町おこしの仕掛け人、渡辺英彦氏、完熟フルーツを使ったゼリーが全国的なヒットとなった「杉山フルーツ」の杉山清氏など。こうした「人」や、彼らが生んだ「ビジネスモデル」を学ぶことも、魅力的な観光商品になるのではないか……。

カリスマたちの現場を実際に訪ね、講義を聴けるビジネスツアーに、ビジネスのヒントを求めている中小企業の経営者は関心を示すはず。そう考え、「ホテル」×「地域のカリスマ」の連携を提案。平日の1泊2日、参加費10万円で募集をしたところ、全国各地から申し込みが殺到し、あっという間に20名の定員が埋まりツアーは大好評に終わった。

この企画をコーディネートする際、私の頭にあったのは、首都圏のホテルで行われる、2泊3日とか3泊4日で開催されるビジネス研修。自分自身がそのようなセミナーに講師として依頼を受けるときはいつも、数十万の参加費で、どんな講師がスピーカーとして呼ばれているか、主催するセミナー会社から送られてくる資料をチェックしていた。また、講師をしながら、参加者にはどのような層が多いのかを注意深く見ていた。

人気の講師に共通していたのは、オリジナリティの強さと、そして新たなビジネスモデルを成功させた経営者であること。私自身、講師として呼ばれることもあったし、このツアーで講師になっていただいた3氏もよく講演の依頼を受けていた。

こうした情報がインプットされていたので、初めから勝算があったのだ。

## 情報をカテゴリー分けするのはＮＧ

相談企業の売上を向上させる3大ポイントについて、どうやって情報力を活かしているか、事例をもとに説明してきた。

どの切り札を使うかは、それぞれの案件によって最適な手段を熟考して選ぶわけであるが、強く意識してほしいのは、「これはセールスポイントの発見に役立ちそうだ」とか「これはターゲットを絞るときの参考に」とか「連携相手の候補に」などと、事前に情報をより分けてしまわないことだ。

先にそういうフィルターをかけてしまうと、３つのカテゴリーに当てはまらない情報を無意識のうちに排除してしまう。

情報力を高めるコツは、自分も1人の消費者だという認識をつねに持つこと。消費者目線でものごとを見て、心が動く、その自然な思考の流れを大切にする。

かつては消費者が情報に触れるポイントは、テレビや雑誌、新聞などの限られたメディアだった。それが今では、パソコンはもちろんのこと、スマートフォン、人や店頭、電車、公共施設、イベントなど、あらゆるところから情報を得るようになった。

皆さんもそのうちの1人。自分がふだん何を気にして見ているか。それは消費行動に結びついているか。まずは自分自身の行動を観察してみるとよい。最初は、マーケティングだとか分析だとか意識せずに、「気になる」「面白い」「何だろう」の視点でいい。

そして、アンテナに引っかかったものは、そのまま素通りせず、自分がなぜ気にかかったのか、掘り下げるクセをつけてほしい。前にも述べたが、それが、情報を生きた知識、そしてビジネスチャンスに変える第一歩なのだ。

第5章

# 「地方創生」実現のカギはここにあり。事例で振りかえる支援プロセス集

## 事例1◇イチゴイチエ石神農園

# 既存商品のセールスポイントをつかみ、ブランディングまでサポート

### 相談相手の話だけで支援策を考えない

現在、政府が力を入れている「地方創生」。

私が取り組んでいるのは、地方の中小企業の活性化支援であるが、自分たちはそれがまさに「地方創生」につながると考えている。日本の企業の99・7%が中小企業である。地域の中小企業が元気になれば、地方はかならず活性化するからだ。

地元の中小企業、小規模事業者の活性化に重要な役割を担うのが、地域の経済を支える地域金融機関や商工会議所などの支援機関である。

最終章となる本章では、実際に携わってきた支援の成功事例を紹介しながら、具体的な支援プロセスを振り返ることにする。活動拠点が静岡県富士市なので、その周辺の中小企業、小規模事業者がほとんどだが、地域が違っても支援のノウハウは同じである。

ひとつめは、静岡県牧之原市でイチゴを栽培する「イチゴイチエ石神農園」のケースだ。

代表の石神誠さん（33歳）が相談に来られたのは、２０１１年6月、牧之原市で開いた出張相談会でのことだった。

23歳で茶農家だった実家を継いだが、お茶の市場は頭打ち。裏作の充実のために県産品種である「紅ほっぺ」でイチゴ栽培を始め、将来性を考え、２００9年からはイチゴ一本で勝負しようと、茶の栽培をやめたという。順調に売上は伸びていたものの、粒が一律でなかったり、傷ができたりして市場に出荷できず、冷凍された規格外イチゴの利用方法に困っているという。加工販売の販路先も見つけたいとのことだった。

コンサルティングで重要なのは、相談企業の真の課題、ニーズを発見すること。相手が新商品開発したいと言っても、既存商品をうまく売ることができていなければ、どんなに新しいものを作ったところでうまくいくとは限らない。この場合、既存商品がなぜ売れていないのか、どうしたら売れるのかを考えることが真の課題となる。

石神農園の場合も、規格外商品の利用法が相談内容だったが、イチゴそのものの販売状況で改善すべき課題はないかどうかをまず確認したかった。

そこで石神さんにこう尋ねた。「どんな市場で売っているのですか？」と。すると、8割を農協に卸し、2割が直販だという。直販は地元スーパー、それに静岡を代表する百貨店である松坂屋でも取り扱われているとのこと。しかも、他にたくさんイチゴの販売があるなかで、唯一「イチゴイチエ石神農園の紅ほっぺ」と生産者名を出して販売されているという。商品に対するこだわりが強いプロのバイヤーが認め、名前まで出されているというのは、大きなセールスポイントである。

その独自性を明確に打ち出すことができれば、他の紅ほっぺとは異なる、より価値の高いオリジナルブランドとして売り出せるはず。商品そのものに力があるのだから、ブランド化することによって、直販の割合をもっと増やせるに違いないと考えた。

## 商品・サービスの特徴をダイレクトに伝える

ブランディングには、魅力的なネーミングとイメージ戦略が欠かせない。f‐Bizには、中小企業診断士やクリエイティブディレクター、マーケティングアドバイザーなどさまざまな専門知識を備えたスタッフがいるが、副センター長は広告代理店でコピーライターとして活躍していた人材。彼が中心となってブランディングサポートを行った。

商品の特性を際立たせるため、石神さんの手がける紅ほっぺの味や栽培方法をヒアリングしていった。そのなかでいくつかのキーワードが出てきた。

まず、「甘みも酸味も色味も〝濃い〟」ということ。静波海岸の温暖な気候と長い日照時間を生かし、暖房は一切使わない「無加温」という栽培方法を採用。暖房を使った場合に比べて収穫量は1、2割少ないがゆっくり育つため、味・色ともに濃厚に育つのだ。

そして、静波海岸は県内有数のサーフスポットであることから、ブランド名に「静波」

をぜひ加えたいと考えていた。

完成した名前は、「恋い味、紅ほっぺ。静波レッド」。「恋い」には、味や色の〝濃さ〟と、一期一会の出会い、食べたら好きになる味というメッセージを込めた〝恋〟を掛けた。

ロゴマークのデザインにもこだわった。静波海岸で盛んなサーフィンをイメージさせるサーフボードの上に、小さなハートマークでかたどったイチゴを乗せた。イチゴがサーフィンをしているイメージだ。

その結果、売上が急増した。松坂屋のバイヤーから東京での販売を提案され、上野の松坂屋を皮切りに、首都圏からの引き合いも重なり、数カ月で売上5倍増を達成。さらに、認知度を高めるため、ソーシャルメディアを通じた情報発信を提案。フェイスブックやブログを開設し、日記風に「静波レッド」の魅力や栽培風景を発信してもらった。

こうしたブランディング化とＰＲ戦略が的中し、我々がコンサルティングを開始したわずか半年後には売上10倍に。市場出荷をやめ、１００％直販を実現した。現在は、百貨店やスーパー、ＪＡ直売所、サービスエリア、ネット通販などで販売し、２０１３年1月からは直営店をオープン。ジャムなどの加工品販売も好調で、６次産業化にも成功した。

イチゴそのものが売れるようになれば、当初の課題「規格外イチゴの活用方法」もおのずと解決するだろうと考えていたが、実際、我々のもとに相談に訪れた２０１１年には年間２００キロだった出荷量は、今年３０００キロが見込めるという。なんと15倍である。

静波レッドの人気から、ブログやフェイスブックを通じて冷凍イチゴを探している業者からの問い合わせが急増しているという。

こうした好循環の結果、当初は両親と3人で経営していたが、現在はパート従業員3人を雇用し、年商を140％以上に伸ばしている。

## コンサルティングのポイント

### ①相談企業の真の課題、ニーズを発見せよ

相手の言葉だけに対応しようとすると、その企業が抱えている根本的な経営課題に気づけない場合が少なくない。ほとんどの企業は「売上が伸びない」ことに苦しんでいる。「新商品を開発したい」「販路を拡大したい」「提携先を開拓したい」など、相談内容はいろいろだが、その根本には「売上を向上させたい」という課題があるのだ。その点を見逃してはならない。

「売れない」理由の多くは、その企業・商品の〝強み〟が活かしきれていない点にある。石神農園のイチゴも、商品力はあるのにそれがうまく伝わっていなかった。コンサルティングにあたっては、まず相談相手の強み、セールスポイントを見つけることから始めてほしい。

### ②ブランド化で競合との差別化を図れ

イチゴもそうだが、同じ商品があふれている市場で勝負するには、いかにして独自性を出し、他と違うことをアピールできるかが重要だ。

①で見出した商品のセールスポイント、強みを、どうすれば際立たせられ、ターゲット層にわかりやすくアピールできるかが第2段階だ。ブランディングはそのための戦略である。ブランド化することでオリジナリティが出せれば、静波レッドのように同じ紅ほっぺのなかでも消費者に選ばれる商品づくりが可能となる。

## 事例2◇マルミヤ食品
## ニーズを掘り当て、「弱点」を「強み」に変えるコンサルティングとは？

### セールスポイントを導き出すヒアリング方法

次に紹介するのは、海苔の佃煮、業務用食品加工、レトルト食品の開発・製造を行う「マルミヤ食品」（焼津市）だ。

1978年創業の同社は、食品メーカーなどから食品加工やレトルト商品を受託製造していたが、年々注文が落ち込み、売上が激減。このままでは、従業員の整理はおろか、廃業寸前だという状況で、宮城鉄男社長がf-Biz に相談に来られた。

「売上は減る一方で、このままでは会社をたたむしかない……」と青ざめた表情でおっしゃる宮城社長に、詳しい状況を尋ねた。

「最大の問題は、設備の老朽化です。創業以来使っている古い型なので、小ロットしか生産できず、大手メーカーなどからの大量受注に応えられません。生産性が上がらないのが致命的です」

私は「小ロットしか生産できない」という部分にピンときた。弱点としかとらえられていない「小ロット生産」を強みに変えられるかもしれない、と思ったのだ。

そのことはまだ指摘せず、「御社の得意とするもの、他社に負けない自信がある点は何ですか」と聞いてみた。業績不振など経営問題を抱える企業は、問題にばかり意識をとられ、自社の強みや得意分野を見失っているケースが多い。だから、面談の最初のほうで、自社の強みを思い出し前向きな気持ちになってもらうことは非常に重要なのである。

少し考えてから、宮城社長は言った。

「長年の食品加工の経験から、素材の持ち味を活かしたレシピ作りができます。それに、どんな食材を持ち込まれても、望みどおりに加工する技術力には自信があります」

「すごいじゃないですか！　それを小ロットからできるんですよね。具体的にはいくつからできるんですか?」そう尋ねると、100個から対応できるという。

レトルト食品など食品加工の受託製造は5000個以上から、1万個などの単位が一般的。「100個から」というのは希少だ。食品加工の需要は、何も大手メーカーばかりではない。実際、f-Bizには農林漁業者から一般出荷できない規格外の生産物を加工してくれる業者はないかとか、飲食店が自分で開発したレシピをもとに加工してくれるところはないかという相談をいくつも受けていたが、生産ロットが5000単位など大きすぎて頼めないと困っていたのだった。

「社長、100個からの小ロットで、どんな食材も加工できるのは強力な差別化になりますよ。この2点を全面に打ち出した戦略を立てましょう!」

力強く、そう伝えた。

## 直感やイメージで判断せず、かならず裏付けをとる

私はつねに、1時間程度の初回面談のなかで「こういう方向性でいこう」という、戦略の柱を見出すことを目標としている。

初回面談で戦略の柱を見出すことができるか否かは、経営支援の経験にもよるだろう。どうすればそれが可能となるか、ひと言で説明するのは難しいが、重要なのはこれまでにも述べているとおり、「相談者の強み(セールスポイント)の発見」である。

自社の本当の強みを客観的に説明できる経営者は少ない。マルミヤ食品の場合は、自社の弱点と考えていた設備の老朽化と小ロット生産しかできないことが、強みだった。このように多くの企業が存在するはずの強みを見失っている。したがって、最初の面談のミッションは、徹底的に相手企業の業務内容や主力商品、取引先などをヒアリングし、「ここがこの会社のセールスポイントだ」という要素を発見することにある。それが明確になれば、売るために何が必要か（ターゲットを絞る、他社と連携するなど）が見えてくるというものだ。

マルミヤ食品の場合、ｆ‐Ｂｉｚが提案した「１００個から、どんな食材でも加工できます」という新サービスは、他に類を見ないオリジナリティの強いサービスに違いないが、私はつねづね、直感だけに頼ってはいけないと戒め、かならず、「日経テレコン21」などのデータベースを用いて、裏付けをとるようにしている。調べると、やはり１００個単位で食品加工を受注するところは見当たらなかった。小規模な農林漁業者や飲食店をターゲットに絞ったＰＲを展開すれば、顧客層を広げることができる。そう確信した。

どんなにすぐれた商品やサービスであっても、広く認知されなければ顧客を獲得することはできない。ゆえに、企業や事業主にとって宣伝・ＰＲは重要なのだが、限られた資金のなかでカネはかけられないというのが実状だ。その点、今は〝いい時代〟である。インターネットを活用し、ブログ、フェイスブック、ツイッターなどのソーシャルメディアで、ほぼ無料で全国に（やろうと思えば世界にだって）情報発信できる。

マルミヤ食品にはホームページもなかったが、f－Biｚのスタッフがビジネスブログを立ち上げ、更新の仕方を同社の社員に指導した。そこで、「100個から受注」「34年にわたる食品加工の技術」「どんな食材でも対応」のコンセプトを「レトルトクリエーション」という新サービス名で打ち出し、情報発信。同時に、日本経済新聞などの一般紙と、水産業界向けの専門紙にプレスリリースを送ったところ、こうしたメディアにも取り上げられ、1週間もたたないうちに数社から問い合わせがあったという。

結果、大手ホテルチェーンなどの新規顧客からOEMレトルト商品の注文が急増。また、「ブログを見た」という静岡市の食品製造業者から、取引先のかんぴょう製造業者が廃業してしまったので、御社にお願いしたいとの依頼が舞い込むなど、PR作戦は見事成功し、販路開拓につながった。ホテルチェーンと食品製造業者の仕事だけでも年間3000万円の受注となり売上は倍増。まさにV字回復を遂げたのである。

## コンサルティングのポイント

### ①「弱み」を「強み」へ

何らかの問題（売上不振が根本にある）を抱える企業は、状況の悪化から自信を失い、自分たちの会社のデメリット、弱みばかりが際立って見えてしまう。したがって、話を聞いてみても、「設備が古い」「時代に合わない」「大量生産ができない」……など、自社の弱点ばかりあげつらい、「だから売上が低迷している」と結びつけがちだ。

しかし、企業側が「弱み」と認識している部分に、「強み」に変えられるヒントが隠されていることは少なくない。だから、相手がどんなに「うちは、これこれこうだからダメなんです」と言っても、それを鵜呑みにしてはいけない。いい意味で、「本当にそうだろうか？」と疑い、客観的に判断する姿勢が支援側には必要である。

## ②〝直感〟は日々のコンサルティング業務の積み重ね

今回の、「小ロットしかできない」という認識に対しては、日頃のコンサルティング業務のなかで、収穫量や時期が限られた農産物を長期保存したいと考える生産者や、オリジナルレシピによる加工品を販売したい飲食店の需要を知っていたことが、「小ロットが売りになる」と確信を持てた理由である。

「市場に出せない作物をどうにかしたい」という悩みを聞き「小規模で加工品をつくりたいというニーズがある」と頭にインプットしていたおかげで、相手が「弱み」と思っていたものが「強み」になると見抜けたのだ。

私はこうした直感を〝ビジネスセンス〟と呼んでいる。コンサルティング力の強化のヒントは、日常の業務にこそ潜んでいる。「つねに問題解決のヒントあり」とアンテナを張り、業務に臨んでいただきたい。

## 事例3◇かわむら呉服店

# 衰退産業こそ、コアなファン層に向けたPR戦略を

### マーケットが縮小する業種の支援策

f-Bizの相談企業のなかには、創業50年以上続く老舗も少なくない。ここでは、1952年創業、きものと和装関連商品を家族経営で販売を続ける「かわむら呉服店」（富士宮市）のケースを紹介しよう。

3代目の河村徳之さんがf-Bizに訪れたのは、2011年6月のことだった。呉服業界は、全国規模の大手チェーン店が各地に進出し、個人店を席巻していることや、ライフスタイルの変化にともない「きもの離れ」が進み、マーケットは縮小の一途をたどっている。廃業を余儀なくされる呉服店も多く、かわむら呉服店も年々売上が落ち込んでおり、このまま何も手を打たずにいれば、経営が危ぶまれる……という危機感を抱いての相談だった。

「打開策を講じなければと考えるものの、『コレだ！』という一手が見つからないんです」

という河村さんに、まず「かわむら呉服店のこだわり」を聞いてみた。

売上不振に悩んでいるとはいえ、60年以上も経営が続いているのにはそれだけの理由があるはず。取り扱う商品に対するこだわりや、顧客に対するサービスなどをヒアリングするなかで、何かヒントが見えてくるだろうと考えたのだ。

私の質問に河村さんは第一声、こう言った。

「きものは日本が誇る伝統工芸品です。プリントしただけの安価な反物もありますが、うちで取り扱うのは、織物の本場、京都の歴史ある老舗店の本物だけです。自分は、熟練職人による手描き友禅や型染め、刺繍、絞りなど、日本の歴史と伝統に培われた貴重な技を守り、継承していきたいと思っているんです」

さらに、複数の製造元と直接取引をすることで、お客に安価で良質な商品の提供を実現していること、専属の和裁士による丁寧な仕立てで、同業他社にない独自の強みを持っていることがわかった。

商品に対する高い意識とこだわりを持つ経営者は少なくないが、それを一般消費者に広げるための営業努力が不足しているケースがまま見られるなか、河村さんはその点もきちんと押さえていることがわかった。

## ソーシャルメディアのビジネス活用に強くなる

では何が問題か。ヒアリングを続けるなかで見えてきたのは、ＰＲの弱さだった。既存の顧客にＤＭを送る程度しか宣伝はしていないという。どんなに素晴らしい商品やこだわりがあっても、それが認知されなければ新しい顧客をつかむことはできない。

我々は、認知度を上げる作戦として、フェイスブックやツイッターと連動したビジネスブログを立ち上げることを提案した。きもの市場が縮小しているとはいえ、着物を愛するコアな客層は手堅く、また、ファッションとして着物を楽しむ若い人たちもいる。品揃えやサービスはしっかりしているのだから、そうした全国の〝きものファン〟に知ってもらうことができれば、かならず売れるだろうと予測したのだ。

河村さんはソーシャルメディア（ＳＮＳ）に弱く、何を書いていいかわからないという。私は、むずかしいことは考えずに、ふだんご自身が考えているきものに対するこだわりや想いを短くていいから毎日１つ発信しましょう、と応援した。

効果はてきめんだった。ブログ開始から1カ月もたたないうちに、固定読者が１５０人つき、アクセス件数もアップ。ツイッターのフォロワーも５００を超えた。この段階では売上は変わらなかったが、それは想定の範囲内。目的は認知度を上げることだったので、順調なすべりだしである。

次に考えたのは、ターゲットの絞り込みだ。ソーシャルメディアは、同社の既存顧客である中高年層より若い世代に広く活用されている。きもの市場の最大のマーケットである成人式にターゲットを絞り、SNSで発信する作戦に出た。

大手呉服チェーン店は、成人式対象者の2年前から大量のDMやカタログを送るなど、すさまじい商戦を繰り広げている。家族経営のかわむら呉服店には到底できない営業活動であり、同じ戦略をとっても負けるのは目に見えている。しかし、大手の営業は、成人式を翌年に控えた夏になるとピタリと収束する。対象者の7割が8、9月までに購入してしまうからだ。私はここに商機を見出した。

9月になっても決めかねている3割をターゲットに絞り込み、営業をかけるのだ。SNSを使って、「早く決めないでよかった♪　今からでも間に合う成人式の振袖!!」というキャッチコピーで情報発信したところ、注文が殺到。その年の成人式商戦では、1000万円の売上アップにつながった。

さらには、その確かな品質から一般顧客にも波及し、富士・富士宮地区（40万人強規模）に限られていた商圏が沼津や静岡（合わせて420万人規模）、加えて首都圏にまで広がったという。40万人強の商圏が1000万人規模に拡大したわけである。地域を選ばないインターネットの特性を活かした成功例といえる。

河村さんの話では、東京の女性からブログを見たと問い合わせがあり、わざわざ来店して購入してくれたという。

地方の個人店の弱みは、狭い商圏でビジネスを行わなければならないことだった。しかし、ＳＮＳをうまく活用できれば１円も資金をかけずに、全国、いや世界に商圏を広げることが可能なのだ。このケースは、地域密着型の金融機関が地元の中小企業や個人商店などを支援する際、大いに参考にしていただきたい成功例といえる。

## コンサルティングのポイント

### ①現場は見なくてもいい

コンサルティングを行う際、当該企業がどのようなビジネスを行っているか現場を見なければ判断できないといわれるが、そうとは限らない。むしろ、自分は現場に行く必要はないケースのほうが多いと考えている。

なぜならば、オフィスや工場をチェックすると、整理整頓ができていない、動線が悪い、駐車場が整備されていないなど問題点ばかりが見えてきて、その指摘に終始しかねないからだ。

コンサルティングで重要なのは、「強み（セールスポイント）」の発見である。

悪いところばかりが目につき、どこに強みがあるか見えなくなってしまうのであれば、「現場を見ないほうが、強みを見出せることもある」とアドバイスしたい。

### ②ヒントは生活のなかに

大手呉服チェーン店の成人式商戦が9月ごろを目処に終了することを知ったのは、じつは、20歳になる自分の娘を見ていてのことだった。それまで大量に送られてきたカタログやパンプレットがピタリとなくなったのが気になり調べたのだ。

家庭にいるときまで仕事のことは考えたくない、という人もいるだろうが、こうした生活の一コマにもコンサルティングのヒントがあることをあえてお伝えしておく。

## 事例4◇金沢豆腐店

# シャッター通りを「元気な商店街」に再生するには?

### 支援での最大のタブーは、相手の「否定」

次に紹介する、富士市で100年あまり続く老舗豆腐店「金沢豆腐店」は「老舗」と呼ばれる企業だが、この事例は商店街の活性化策を考えるうえでも参考になるだろう。

f-Bizが相談を受けたのは、2012年5月。金沢豆腐店も加盟する静岡県豆腐油揚商工組合富士支部の皆さんが相談に来られたのがきっかけだった。

富士市内には最盛期の１９６０年代に50軒の豆腐店があったが、当時は8軒にまで減少。大量生産・安価な価格帯で商品を卸す大手業者に押されて、昔ながらの〝まちの豆腐屋さん〟は苦境に追い込まれている。

「このままではうちも含めて残った8軒も潰れてしまう。地元で昔から親しまれてきた『味付けがんも』を特産品として売れないかと考えている」

店主の金沢幸彦さんは真剣な面持ちでおっしゃった。

『味付けがんも』とは、富士・富士宮地域で１００年以上前から食べられている、独特の甘みが特徴のがんもどきで、全国でもこの地域にしかない伝統食だ。富士市で生まれ育った私も、子どもの頃から親しんできた味で、仏事の精進落としで食べた記憶がある。ドーナッツのように甘く、確かに個性的だ。

しかし、金沢さんから「味付けがんもを特産品として売りたい」と相談されたとき、単にそのまま販売するのでは地元豆腐店が低迷から脱出できるほどのインパクトにはつながらないだろうと思った。

しかし、私は絶対に否定から入ることはしない。問題点を指摘するだけで、それでは売れないですよ、と切り捨てることは経営支援の現場において最もやってはならないタブーである。否定は、相談者のやる気を奪い、ただでさえ苦境に立たされ自信を失いかけているのに、そこに追い打ちをかけるだけだからだ。

豆腐業界の現状をうかがいながら、豆腐のもとである大豆のトレンドは何だろうと頭をめぐらせた。

大豆は高タンパク、低カロリーでヘルシーな食材として注目されている。「まるごと大豆の栄養がとれる」という触れ込みで売り出した大塚製薬の「ソイジョイ」はヒット商品になったし、豆乳ブームも長く続いている。健康志向の意識が高い人や、美容やダイエットに関心が高い女性を中心に、大豆製品は人気が高いのだ。

そのことを金沢さんらに説明し、「大豆業界には追い風が吹いています。ターゲットはいちばん関心が高い女性に絞って戦略を考えましょう！」と伝えた。

## 支援者に熱意がなければ成功しない

提案したのは2つ。

①味付けがんもの独特な甘さを全面に押しだし、個包装したうえで「スイーツがんも」の商品名で若い女性を中心にスイーツとして販売すること。

②味付けがんもを使った加工品を開発すること。

加工品については、手軽に食べられるサンドイッチはどうかと提案したが、「味付けがんもでサンドイッチ？」と気乗りでない様子だった。

単なる思いつきや奇をてらったアイディアでは人は受け入れてくれない。しかし、私は思いつきで言ったのではなかった。１９８２年にアメリカを旅したとき、サンフランシスコの自然食スーパーの店頭で豆腐バーガーが売られていたのを思い出していたのだ。物珍しさで買い求めると、厚揚げにケチャップがたっぷりかかっていて甘めの味付けが不思議とパンに合っていた。

その体験をあげて、試作品づくりもこちらでやりますよ、と持ちかけた。試作まで引き受ける支援機関はまずないだろうが、ｆ－Ｂｉｚの女性スタッフはもともと老舗ホテルで料理人を目指し修業していた経験があり、彼女に頼めばクオリティの高い試作品ができるに違いないと見込んでのことだった。

まだ半信半疑の金沢さんだったが、試作用にたくさんの味付けがんもを提供してくれた。それを使ってマスタード味、ケチャップ味、マヨネーズ味など10種類のサンドイッチをつくり、ｆ－Ｂｉｚスタッフ全員で試食をすると、予想以上のおいしさに「イケる！」「うまい！」の声があがった。

投票形式にまとめた試食の結果を金沢さんに見せると、明らかにそれまでと顔つきが変わったのがわかった。やる気にスイッチが入った瞬間だった。

彼らは本気で取り組んだ。自分たちでサンドイッチを開発するよりその道のプロであるパン屋にレシピを開発してもらったほうがいいものができると判断し、富士でも人気の老舗パン屋「松林堂」とのコラボが決まった。

さらには、地元の創作料理「遊々庵」の協力でトマトソースベースの特製ソースが生まれ、味付けがんもの新感覚のサンドイッチが完成した。名前は、わかりやすさとターゲットの女性を意識し、「富士がんもいっち」とした。

大豆人気というトレンドを押さえ、職人による手作り感もあり、味も名前もキャッチーな商品に仕上がったと思うが、どんな魅力的な商品でも、知ってもらわなければ売れない。本格発売の前に、ターゲット層でもある主婦など30人が集まる試食会を開き、マスコミにも来てもらってお披露目をした。評判は上々で、事前の話題づくりにもつながった。

金沢豆腐店では、2013年1月にがんもいっちの店頭販売を開始。当日は開店前から行列ができ、用意した40個があっという間に売り切れたという。さらに、4月にはテレビ番組「秘密のケンミンSHOW」で味付けがんもが取り上げられると、県外からもお客が来るようになり、金沢豆腐店では連日味付けがんもやがんもいっちをはじめ、その他の豆腐商品も午前中で売り切れる状態が続いた。味付けがんもは今でも生産が追いつかないほどの人気だ。

結果、f-Bizに相談に来られたときと比べて売上40％アップを実現。富士市内のほかの豆腐店も相乗効果で伸びているそうだ。

## コンサルティングのポイント

### ①集客不振は「魅力」の発信で好転

地方の商店街は衰退しているとよくいわれる。どこもシャッター通りと化し、人通りなく閑散としており、商店主は経営難で困っていると。たしかに全国どこの商店街も似たり寄ったりの状況だろう。

しかし、なぜ商店街が衰退したか、その理由を正しく認識できているだろうか。大型ショッピングセンターが参入してきたからとか、駐車場がないからとか、いろいろな外的要因を挙げて「だから商店街に人が来なくなった」と結論づけるが、そうではない。

そこに行く理由、魅力がないから人が集まらない、売れないだけのことだ。交通の便が悪く、辺鄙《へんぴ》な場所にありながら人気のレストランや宿、店舗があるように、どんなに不便でも魅力があれば人は集まるのだ。これは、支援者にとって頭にたたき込んでおかなければならない〝基本のき〟である。我々に求められるのは、では「どうやって魅力をつくるか」だ。

今回のケースでいえば、昔ながらの製造する豆腐店の豆腐のほうが、大量生産の大手メーカーの味よりおいしいことは誰もが認識していることだ。職人による手作り感、国産大豆１００％のたしかな味と新鮮さを〝まちの豆腐店〟ならではの魅力としてアピールすることで、かならずファンはつくと考えた。ＰＲ手法として、コストをかけずにすぐにできるビジネスブログを提案。豆腐づくりのこだわりを日々情報発信することで、顧客拡大につなげた。

### ②支援者の姿勢が相手のやる気に火をつける

支援者に求められる資質に「情熱」がある。自分がどれだけ真剣に経営支援に取り組んでいるか、事業再生に情熱を注いでいるかの姿勢は、かならず相手に伝わる。

今回、サンドイッチの試作品づくりをｆ-Ｂｉｚでやると申し出た。あとから聞いたが、金沢さんは「そこまでやるのか!?」と驚いたそうだ。しかし、我々にとってみれば、相手企業の売上を向上させることが使命。売上アップになることだったら、どんなことでもトライする。つねにそういう姿勢でいることが経営支援では大切である。

そして、その情熱は、相手のやる気に火をつける。そうなれば、経営改善のスピードは加速するだろう。

## 事例5◇豊岡クラフト

# 「モノはいいのに売れない」はターゲットの見直しが必要

### 徹底した現状のヒアリングから改善策を見出す

どんなにクオリティの高い商品やサービスも、それらを求める消費者にきちんと伝わらなければ思ったような売上につながらないことがある。浜松市でインテリア小物木工品や小型家具等の製造・販売を行っている「豊岡クラフト」はまさにそんなケースであった。

山崎正治前社長が相談に来られたのは2007年の秋。売上が大幅に落ち込んでしまい、いろいろ手を尽くしているが改善の目処は立たず、今後、営業力、販売力を強化するにはどうしたらいいか、という内容だった。

私は正直「これはマズイな」と思った。なぜなら、静岡銀行でM&Aを担当していた時代に、業績不振の家具メーカーの案件を多数経験し、この業界の大変厳しい状況を見てきたからだ。

しかし、そうしたネガティブな情報を相手に与えても不安にさせるだけで意味がない。そこでまず、同社のビジネスの全体像をつかむため、「商品の木工品や家具はどのように販売しているのですか？」」と聞いてみた。売り方や顧客層などの現状に何らかのヒントが隠されていることがあるからだ。

説明によると、浜松市に工場を持っており、直販よりも他社ブランド製品の製造（ＯＥＭ）がメインだという。ところが景気の悪化から大幅に売上ダウン。通販事業に力を入れるなど、いろいろテコ入れをしているが決め手に欠ける状況だという。

通販は複数の会社と取引していたが、特に力を入れていたのが、業界最大手の通販会社であるＫ社だった。Ｋ社の主力通販雑誌に年1度タレントを使って商品紹介しており、右肩上がりとのこと。「しかし、メインのＯＥＭ事業が低迷しているので焼け石に水状態なんですよ」と社長は浮かぬ顔だ。「そのＯＥＭ先はどこですか？」と聞いてみると、日本の最大手の書店である丸善株式会社であり、同社のオリジナル商品を製造販売しているという。ＯＥＭ先の業績悪化が影響し業績不振に陥ったという連鎖構造も見えてきた。

私が注目したのは、丸善が取引先だという点である。丸善といえば、書店である一方で高級文具を扱う超一流店。そのオリジナル商品を製造している豊岡クラフトの商品は、超一流品ということができる。しかも20年以上にわたって販売しているというのだから、本物だ。

私は山崎社長に伝えた。「あなたの会社の商品は超一流品です。世界のトップブランドしか扱わない丸善で長年販売してきた実績があるのですから自信を持ってください！」

## 商品特性に見合ったチャネルはどこか

売上数十億円の中堅企業の経営者でも、自社のセールスポイントや価値、優位性などがよくわかっていないケースは少なくない。豊岡クラフトの山崎社長もそうで、私がこう指摘しても実感していない様子だった。「あまりにもあたり前のことで気づかなかった」というのである。

そのうえで、こうアドバイスした。

「御社の商品は超一流品です。現状の主力販売先であるＫ社の通販雑誌は、どちらかというとミドルクラスとその少し上の層向けです。御社の製品特性からすると、もっと高級志向の強い富裕層にターゲットを絞ったほうがいいと思います」

山崎社長は、ものづくりに並々ならぬ想いを持っており、自社製品の価値を正しく評価されたことで、私の話により積極的に耳を傾けてくれるようになっていた。

「せっかく通販をやるなら、ＪＡＬとＡＮＡの機内誌に営業をしてみませんか？　ともに海外ブランド品をはじめ厳選された高級品を扱っていて、富裕層がターゲット。御社の商品にぴったりな媒体だと思いますよ」

山崎社長は「そんな国内最大手の２社が相手にするだろうか」と半信半疑のようだったが、私の提案どおり全日空と日本航空に営業を行った。すると直後に両社から「ぜひ掲載したい」との連絡があり、すぐにそれぞれの通販カタログに掲載された。しかも、両社からオリジナル商品を依頼されたという。

しかし、真の狙いは通販カタログで売ること以外にあった。これらのカタログは、富裕層市場に関心を持つ企業の関係者が見ているに違いない。彼らの目に、豊岡クラフトの商品が目にとまるだろうと見込んでいた。そこからの新たなビジネスチャンスを狙っていたのである。

私の狙いは的中した。高級時計ブランドのロレックスの販売店から専用の時計スタンドをつくってほしいとの依頼や、万年筆の専門店からコレクター向け商品として万年筆を50本収納できる万年筆ケースの特注を受けるなど、こだわりをもつ顧客層（専門店・個人）からの注文が殺到したのだ。さらには韓国の高級文具販売店から、「韓国にはこのような品はないのでぜひ輸入させてほしい」との依頼も舞い込み、結果、販路が広がると同時に売上も大幅アップに成功。今や、豊岡クラフトは木材を用いた高級ステーショナリーやインテリア小物などの世界で名の通った高級ブランドに成長している。

## コンサルティングのポイント

### ①「生きた知識」をどれだけ持っているか

まず、丸善のＯＥＭ商品を製造販売していると聞いたときに、そこで扱っている商品は超一流品ぞろいだという認識がなければ、豊岡クラフトに対し、富裕層に向けた戦略をすべきとの提案に至らなかっただろう。

また、飛行機の機内誌には、機内販売とカタログ販売があり、そのターゲットが「富裕層」だということも、ふだん飛行機に乗ったときによく見ていなければ気づかないことだ。

あらゆる情報が氾濫する時代、ただ情報を集めるだけなら誰でもできる。しかし、情報は生かすことができてこそ、意味をなすものだ。情報を「生きた知識」に変え、ストックし、イノベーションにつなげていくことができるかどうか。そこにコンサルティング力がかかっている。

### ②相手に具体的なイメージを持たせられるかどうか

どんな優れたアイディアや提案も、相手がピンとこなければ行動につながらない。相手に提案するときは、具体的なイメージが持てるようにすべきである。

今回は、第三者から超一流品と認められる商品をつくりながら、その価値に気づいていなかった相手に対して、国内最大手2社の機内誌に営業することをまず提案した。これが「もっと富裕層を狙ったところに売り込みするといいですよ」では漠然として動けなかっただろう。

また、100万円以上する高級腕時計の広告が多数掲載されているビジネス雑誌を広げて、「この最高級ブランドの時計を立てかけるスタンドをつくりましょう」など、具体的イメージをともなう提案によって、クラフトマンシップに溢れる社長は、「ぜひ挑戦してみたい」と意欲的になってくれた。相手の頭の中に、こうしたらこうなるというビジョンを描けるかどうか。支援の現場では、大事なポイントである。

## 事例6◇増田鉄工所
## 「自分が顧客だったら」の目線で魅力の「伝え方」を変えてみる

### 多くの企業が「伝え下手」

世の中には優れた商品や技術、ユニークなサービスがたくさんあるが、それらのすべてがヒットしているわけではない。商品そのものに価値があっても売れないのはなぜか。その価値が「伝わっていない」からだ。前例の豊岡クラフトもそうだった。高級志向の強い富裕層に届くPRが不足していた。

どうしたらその商品・サービスを求める消費者に「伝わる」のか。次の増田鉄工所のケースで考えてみたい。

第3章でもご紹介した、富士市にある増田鉄工所は、プレス用金型メーカーで、これまでおもに大手自動車メーカーを相手にしてきた。しかし、リーマンショックの影響や中国や韓国などライバル企業の台頭もあって金型の受注量が大幅に落ち込み、売上は悪化の一途をたどっていた。

こうした状況を打破しようと、持ち前の技術力で勝負し、従来は一つひとつの部品を製作し組み立てて仕上げていた複雑で大きな金型を一体構造で加工する技術を開発。「一体構造金型」として売り出したが、思うように成果につながらない。顧客にとっては大幅なコストダウンにつながるのに、なぜ売れないのか……行き詰まりを感じた増田弘社長はｆ-Ｂｉｚに相談に来られた。

増田社長から「一体構造金型」についてのていねいな説明を受け、その熱心さから自分たちの技術力に対する自負と熱意を感じた。「我々が実現した一体型構造金型は他社が絶対にマネできない技術であり、導入した企業に大きなメリットをもたらすものです」。増田社長はそう語った。

その言葉に、私はピンときた。増田鉄工所の強みは、他の追随を許さない卓越した「技術力」にあるということ。そして、こう伝えた。

「金型を売ろうとするから、売れないんですよ」

社長は「どういうこと？」という顔をされている。

商品として「金型」であることを打ち出すのではなく、「多くの顧客が欲しいニーズ」とは、「コスト削減」を実現するサービスだということを前面に押し出すべきだと考えたのである。

「つまり、モノを売るのではなく課題解決型のソリューションビジネスとして売り出してみてはどうでしょうか」と提案した。

金型そのものを売ろうとして売れない（伝わらない）のだから、伝え方を変えなければならない。顧客の真のニーズはどこにあるのか。金型自体より、その金型を取り入れることによってもたらされるコストダウンこそがそれだ。

どの業界も価格競争でしのぎを削る時代である。「できる限りコストをかけずに良質の商品、サービスを開発したい」というのはほぼすべての企業の課題である。そこをうまく突いた打ち出し方ができれば、商品そのものは優れているのだから、かならず「伝わる」。そう予測したのである。

## 顧客のメリットをそのまま商品名に

「伝わる」ためには、商品のセールスポイントを明確に示す必要がある。

一体構造金型の商品特性（顧客側からみたメリット）を整理すると、次のようにまとめることができた。

製造費、設計費、経費が減ることによる「大幅なコストダウン」。それに「品質の向上」、製造工程が短縮されることによる「短納期」である。これらの「売り」をわかりやすく伝わるようにするため、商品名を「金型革命５ダウン」とすることを提案。一体構造金型を導入することによるメリットを明確に打ち出すことが狙いであった。

増田鉄工所では、新サービス名で新しく営業用パンフレットを作成し、取引先に提案したところ、次々に採用され、半年間で約50件の新規受注を獲得、大幅な売上アップにつながったのである。

同社はこの成功をきっかけに、さらに技術開発に熱心に取組み、他社がやらない、できない「金型ドックＢｅｓｔコンディション」という新サービスをはじめ、これもヒット商品となった。

「金型ドックＢｅｓｔコンディション」とは、金型のメンテナンスを定期的に行うもので、これまで同業他社が一度もやったことのないサービスである。しかも、増田鉄工所の金型を扱っている取引先からの依頼に基づいて行うのでなく、新しいサービスとしてアピールすることで、これまで同社の金型を使っていなかった企業にもアプローチすることができ、販路開拓につながったのは言うまでもない。

## コンサルティングのポイント

### ①「伝わる」＝「顧客目線」になる

このケースのいちばんのポイントは、顧客が真に求めていたのは、「技術力の高い金型」ではなく、「コストダウンにつながるサービス」だということに気づけるかどうかであった。そうした、真のニーズに気づく力が「コンサルティング力」なのであるが、人はなかなか気づくことができない。

なぜ気づけないのか。どうしたら気づけるようになるか。

そのヒントは、「顧客目線になる」ということである。「この商品、このサービスを自分だったら買うだろうか？」と真っ先に考える。自分が顧客対象外だったとしたら、だれなら買うか？　どうしたら欲しいと思うか？　その発想をベースにまず戦略を組み立てることだ。

私はどんな商品、どんなサービスにもかならず「売り（強み）」があると考えている。しかし多くの企業が「売れない」と悩む。「売れない」のは、その商品の「売り」がわかりやすく伝わらないからであり、顧客目線で考えることで「伝わる」表現、見せ方に変えることができるのである。

ことである。

## ②さまざまな立ち場から考えてみる

顧客目線になるだけでなく、「伝わる」ものにするためには、相手企業から説明を受けたり、アドバイスをするときに、頭のなかで瞬間的にさまざまな立ち位置になって考えることである。

「自分だったらこれを欲しいと思うだろうか?」「どういうものだったら欲しいか?」と考えるのは消費者（客）の視点。そこを掘り下げてみて、次に、それを売る側としたらどうかと考える。「顧客のニーズはわかるけど、そのまま反映したらコストがかさんでしまう。どうしたらコストダウンできるだろうか」といった視点だ。

さらには「メディア」的な立場で考えてみることも重要。自分が取材する人間だとして、その商品・サービスを取り上げたいと思うか。どういう切り口で紹介すると、人は興味を持つだろうと考えてみる。そうしたメディアの視点になってみると、「金型メーカーでありながら、モノを売るのでなくサービスとして打ち出しているところが面白い」と考え、「そうだ、顧客の課題を解決するサービスであることをもっと明確にした商品名を考えよう」という発想になる。

このように、いろいろな立場になってみることでアドバイスの内容が充実してくるに違いない。

## 事例7◇コスモグリーン庭好

# 相談者の本来の望みは？　ビジネスを俯瞰する力

### 新商品の開発か、既存商品の起死回生か

企業支援コンサルティングの現場でありがちな失敗例に、取引先から相談を受けたとき、相手の言葉だけで対策を考えようとして、本当に必要な支援は何か、真のニーズを見誤ることがある。

たとえば、「マーケットの変化により既存商品が売れなくなってきたので新商品を開発したい」という相談だったとする。

しかし、ゼロから新しく商品を作り上げるにはたいていの場合、コストも時間もかかる。既存商品が売れないからと新商品で打開しようというのは安易な発想だ。相手が「新商品を開発したい」と言っていたとしても、それをそのまま聞くのではなく、いったん引いてプロジェクト全体を見渡し、売るためにはどうすればいいか、根本的に考え直す必要がある。

コンサルティングの最終ゴールは、相談企業の売上を向上させることである。そのための方法として、相手が言うように新商品開発のリスクをとるべきか、既存商品に何らかの

テコ入れをすることで起死回生をはかれないか、と考えるのが求められる企業支援のあり方なのである。

次に紹介するのは、まさにそんな事例である。

相談企業は、「コスモグリーン庭好」という浜松市の造園会社である。同社は造園業の多角化を目指し、2010年7月より農業に参入。放棄地を借りて農業をはじめ、試行錯誤の末、さつまいもは育ったが形が悪く、加工品にしないと売れない状況だった。何か策はないかと思案するなかで、「浜松といえばうなぎ」だと思いつく。廃棄されたうなぎの残渣《ざんさ》を引き取り、草木のチップとともに加工し、たい肥をつくる。栄養分が豊かなうなぎのたい肥でさつまいもを栽培したところ、糖度が高く、濃厚な味わいであることが栄養成分調査の結果でわかった。そこで「うなぎいも」と名づけ、これを使ったプリンを加工品として販売。よく売れているという。その成功に手応えを感じ、新たな商品開発に取組みたいということであった。

## ブランディングに必要な連携

同社は農業に新規参入であることから、一社のみでは協力してくれる生産者が広がりにくかったという。そこで、地元の農業法人やウナギの養殖業者などと連携し、地域活性化のためのムーブメントを起こそうと展開していた。

しかし、この事業の目的は、「うなぎいも」をベースにして新商品を開発して売ることである。つまり、一つのビジネスとして確立させなければならないわけで、それを「地域活性化」の一環として打ち出してしまうと、ムーブメントとして注目されてしまい、商品にフォーカスされないのではないかと私は危惧した。

だから、「新商品開発をしたい」という相談に、私が提案したことは2つ。

まず、「うなぎいも」をブランドとして確立させるために、商品化や販路を広げるためのビジネスプロジェクトを発足させること。もうひとつは、うなぎいもブランドを展開するにあたって統一したイメージが必要と考え、ブランドを象徴するキャラクターを作成してはどうかとの提案だ。

そして2011年11月、「うなぎいもプロジェクト」が発足。趣旨に賛同する地元有志が集まり、1年後には賛同者は製菓会社などの企業41社、生産に携わる農家25軒、個人会員は150人にも拡大した。

なかでも、県内大手菓子製造販売会社の「たこ満」の平松季哲社長に、うなぎいもを紹介したことが大きい。同社は地場産品を活かしたユニークなお菓子づくりが得意で、商品のブラッシュアップの相談を受けていた。それがきっかけで、「浜松発の新しいブランド、うなぎいもで何かお菓子をつくってみてはどうですか？」と持ちかけたのである。

平松社長はプロジェクトのポテンシャルを評価し、さっそく新商品開発にとりかかってくれた。２０１２年4月には「うなぎいもタルト」が、続いて「うなぎいもどら焼き」が誕生。特に、「うなぎいもタルト」は、東海キヨスクが年に一度取引先を集めて行う営業方針の発表の場で、地域色豊かな取組みとして表彰され、ヒット商品となった。その他、ドーナツやマドレーヌ、ロールケーキなども発売されている。

キャラクターづくりは、我々がサポートした。さつまいもの帽子をかぶった愛らしいうなぎのキャラクターをつくり、名称はプロジェクトのＨＰで募集。「うなも」に決定した。商標登録し、認定されたサポーターが商品関連グッズなどに利用する際にのみ使用許可されている。

こうしたブランド戦略により、２０１４年6月時点でプロジェクトの認定商品は27種類、年間売上高は3億円にまで拡大した。現在も浜松の新しいお土産品として観光客を中心に人気を博している。

## コンサルティングのポイント

### ①相談者の言葉だけで対応しない

冒頭述べたとおり、相談者の「○○したい」「○○で困っている」という言葉だけで支援策を考えないこと。このケースのいちばんのポイントはそこにある。相手が「新たな新商品開発をしたい」と言ったとき、多くの場合、新商品開発のことだけ考えてしまいがちだ。しかし我々はそこからいったん離れ、プロジェクト全体を見渡してみて、コンセプトを再設計し直した。「新商品開発をしたい」と相手は言っているが、彼らの目的は、「うなぎいもを売れる商品にする」ことにある。

ここに気づくためには、言われた要望だけに反応しないことである。ビジネスとして展開する全体像をとらえたうえで、本当に必要なことは何かと考える、俯瞰する力を養っていただきたい。

## ②Ｗｉｎ-Ｗｉｎを生むビジネスマッチングの提案

私はつねづね、売上を上げるためのアドバイスは3つの切り口が重要だと言っている。「真の強みを発見し、活かす」「ターゲットを絞る」「連携する」である。相談案件が持ち込まれたとき、相手の話を聞きながら、この3つのどれが最も適しているかを考えている。

この「うなぎいもプロジェクト」のケースでは、ネーミングのユニークさや素材のおいしさはあったものの、それを売れる商品に加工する技術に欠けていた。地場産の果物などを使ってセンスあるスイーツに仕立て上げる「たこ満」とコラボすることにより、魅力的な商品が生まれるに違いないと考えたのだ。

このように、連携が特に有効なのは、一企業のみで成果の上がる戦略やプランを構築できない場合や、より大きな展開に発展させたい場合などである。

さらに、「連携」が成功する条件は、双方にとってメリットがあり、相乗効果を生むものであること。今回のケースでは、うなぎいもプロジェクトに参画するメンバーにとっても、たこ満にとってもヒット商品が生まれたことでお互いに売上向上につながった。

## 事例８◇ハヤブサ（有限会社スノーチャイルド）

# 小さな店だからできる「オンリーワン」サービスを開拓

### 大手チェーンに負けない強い小売店をつくる

中小企業、特に小売業にとって同じような商品、サービスが氾濫する時代に、他にない自社の魅力を打ち出し、差別化することが非常に難しくなっている。ただ商品を並べて販売するだけでは、品揃えでは大手にかなわないし、値段で競っても大量仕入れ大量販売できる全国チェーンには負けてしまうだろう。

では、中小企業、地域に根ざしてビジネスを展開する小売業は、これからの時代、どうやって生き残りをはかればいいのか。今回紹介する作業用品店のケースは、そんな小売業支援の参考していただきたいと思う。

２００４年から富士市と静岡市で作業服や安全靴、ヘルメット、軍手などの作業用品を販売する「ハヤブサ」（運営会社（有）スノーチャイルド）。全国展開する大型専門店や、作業用品を扱う大手ホームセンターが次々に出店し、そちらへ顧客が流れてしまい、売上ダウン。さらに、特に力を入れて扱っていたアシックスやプーマなどのブランド安全靴も大手量販店が取り扱うようになり、深刻な売上不振に陥っていた。

そうした状況のなか、競合他社に負けない差別化をはかり、売上増につなげたいと、店長の青柳ひとみさんがｆ－Ｂｉｚに相談に来られたのであった。

## 小売店だからこそできるサービスで差別化を図る

私は「ブランド安全靴」というジャンルがあることに驚いた。安全靴の世界は、安全性を重視したノンブランドのもので、会社から従業員に支給されるものだと思っていた。

しかし、青柳さんに聞けば、ダサい安全靴がいやで、支給される靴は履かずに、アシックスなどブランド品の安全靴を自分で購入する人、特に若い層が増えているのだという。「そこに注目して、ブランド靴に力を入れていたのですが、今やホームセンターや量販店でも扱うようになってしまい……」と青柳さん。

すかさず、私は自分が靴を買うときのシチュエーションを考えた。仕事柄、全国を飛び回り、１日に歩く距離はかなり多いほうだ。だから、靴にはかなり気をつかっている。どんなに歩いても疲れない靴を求めて、靴専門店で「シューフィッター」の資格をもつスタッフに相談しながら靴を選んでいる。

安全靴は、足場の危険な場所での作業も多く、一般の靴よりも安全性や足の負担を軽減する機能が求められるはず。実際、足に合っているか吟味せずに履いている安全靴で、足のトラブルを抱えている人もいるのではないだろうか……。安全靴こそ、専門のシューフィッターが必要なのではないか。そう考えた。青柳さんに確認すると、シューフィッターがいる作業用品店など聞いたことがないという。印象だけでは弱いので、実際にそういうサービスを行っているところがあるかどうかをデータベースを使って調べると、やはり見当たらない。これは大きな差別化になる！　そう確信した私は提案した。

「大手量販店に先駆け、大きな差別化につながる安全靴専門シューフィッターを導入し、最適な安全靴を提案できるサービスを充実させましょう」

私の提案に、青柳さんは大賛成だった。「シューフィッティングは、ビジネスシューズやウォーキングシューズの販売などで用いられるのが一般だった。でも、たしかに安全靴こそ、工事現場で長時間着用するし、履き心地は作業効率にも足の健康にも影響する。安全靴こそ、必要性が高いはずですね」

競合との差別化をはからなければ生き残れないという危機感が強かった青柳さんは、みずからシューフィッターの資格を取り、「安全靴のシューフィッティングサービス」を始めた。

開始にあたって、ビジネスブログを立ち上げ、SNSを活用した情報発信をサポートした。さらに、百貨店で豊富な実務経験をもつf-Bizのアドバイザーと、広告代理店でデザイナー経験のあるクリエイティブディレクターに店内レイアウトの見直し、POP戦略など具体的な売り場改革案を企画立案してもらい、全面的な売り場改革までサポートした。

これらの差別化戦略により、1年で売上前年比3割増を実現。「シューフィッターのいる作業用品店」が全国を見渡しても珍しいことから、昨年にはテレビニュースに取り上げられ、さらに売上を伸ばしているところだ。

## コンサルティングのポイント

### ①消費者感覚を磨く

競合他社が多い業態から相談を受けたとき、どうすれば他社から一歩抜きん出ることができるかを提案することができれば、コンサルティングとしてはかなり上級者といえよう。

参考に、私が差別化戦略を考えるときの思考の流れを示しておく。今回のケースもそうだったが、まず自分が消費者の立場になり、どんな商品・サービスだったら買うだろうかと考える。自分が対象外の場合は、では誰がそれを買うだろうかと予測する。ハヤブサが力を入れているブランド靴の場合、靴にこだわりのある層が購入するだろう、と考えた。

では、こだわり派はどこでその靴を購入したいだろうか。量販店ではなく、専門知識を持ったシューフィッターがいる専門店や百貨店があればそちらへ行くはずだ。ならば、安全靴の世界にも、最適な靴を提案する「シューフィッティングサービス」を導入すれば、競合他社に打ち勝つための強力な差別化となるに違いない。

このように、ターゲットは誰かを明確にし、このターゲット層が求めるサービスは何か、他社がやっていないポイントはないかと考えていくのである。

最初はそう簡単に妙案が浮かばないかもしれないが、ふだんからこの思考の流れを意識し、「自分だったら買うか？」「誰なら買うか？」「どんなサービス・商品なら欲しいと思うか？」「それは他にあるか？」と考えるクセをつけるといいだろう。それはつまり、「消費者感覚」を磨くということでもある。

## ②「SNSで何を発信するか」までアドバイス

今回もそうだったが、どの相談企業に対してもビジネスブログやフェイスブック、ツイッターなど、SNSを活用して宣伝・PRすることを強く勧めている。

SNSの最大のメリットは、無料でできることだ。地方の小売業はこれまで、商圏が狭いことがデメリットだった。しかし、SNSをうまく活用し、全国に自社製品の商品やサービスの魅力を知ってもらうことができれば、商圏は日本全国、極端にいえば世界にまで広げることができる。

ハヤブサの場合、お店のホームページを立ち上げ、ブログで新商品やおすすめ商品を実際にスタッフが着用した写真とともに紹介する記事をアップしてもらった。こうした詳細な商品情報の他、お買い得情報やシューフィッターからのアドバイスなど、とにかくできるだけ更新頻度を上げ、閲覧数を増やすことを重視した。

「SNSの有効活用」とは、そこで「何を発信するか?」の戦略を明確にすることである。何をかといえば、もちろん、PRしたい商品一つひとつの魅力、特徴、機能についての詳細な説明である。そこまでアドバイスができてはじめて、支援者としてのコンサルティングが活きるのである。

## 事例9◇静岡木工

# 時代に合わなくなった伝統品。どうしたら売れるようになるか?

### 現代のライフスタイルにマッチする神棚の提案

静岡県吉田町で、主力事業の神棚などの通信販売や、量販店向き木製品の製造卸しを行っている静岡木工。

今でこそ、静岡木工が手がける神棚は楽天市場の「神棚部門」で売上ランキング1位を2年以上独占しているが、f-Bizに相談に来られた2013年6月の時点では、主力商品の神棚の売上減少に歯止めがかからず大きな課題になっていた。

「ライフスタイルの変化にともない、純和風の日本家屋が少なくなり、昔ながらの社(やしろ)スタイルの神棚が受け入れられなくなってしまった」

杉本かづ行社長が沈んだ声で状況を説明してくれる。私は話をうかがいながら、さもありなんと思った。和室すらない現代住宅が増えているなか、あの立派な社のある神棚は合わない。売上が低迷するのも納得だ。しかし、私の支援ポリシーでは、相手のモチベーションを下げてしまうような否定的なことは絶対に言わない。そこで杉本社長に、私はこう投げかけた。

「社長、そうはおっしゃいますが、正月にはたくさんの人が神社に初詣に出かけるじゃないですか。三が日の参拝客数は減るどころか年々増えています。そこで皆さん、お札を買いますよね。また、昨今のスピリチュアルブーム、パワースポットブームなどの影響を受けて、神社仏閣を参拝し、そこでもお札を求める人は増えています。

でも、お札を買ったはいいけれど、今の家庭には神棚がありませんよね。つまり、お札を置く場所がなくて困っている人も増えているということなのではないでしょうか」

そこまで言うと、杉本社長の目に力が入った。

「なるほど。それはたしかにそうかもしれませんね。でも、じゃあどうすればいいのでしょう？」

そう身を乗り出して聞く社長に、私は即答した。

「神棚の価値を変えてみてはいかがでしょう？」。さらに続ける。「従来の神棚は神様をまつるものですが、それをむしろ〝お札の収納スペース〟と考えるのです」

そして、従来の社の雰囲気を残しながらも、洋風の生活スタイルに合わせた神棚を商品開発してみてはどうでしょう、と提案した。すると、杉本社長も同様の発想で今風な神棚をつくってみようと試作したことがあったという。ただ、どうやって売り出せばいいかでつまずき、商品化まで至らなかったのだとのことだった。

## 類似した成功事例を挙げて説明する

私は神棚の世界に近い仏壇の話をした。じつは静岡県は全国でも有数の仏壇の産地なのである。仏壇の世界もまた、現代のライフスタイルに合わず、従来の黒塗りの仏壇は売れなくなり、複数の仏壇会社が廃業に追い込まれていた。明らかな衰退産業である。

しかし、そうした厳しい環境のなかでも右肩上がりに売上を伸ばしている仏壇会社があった。それは「現代仏壇」というネーミングの仏壇で、ライフスタイルに合わせたモダンでおしゃれな仏壇を商品化し、販売している八木研である。

今から10年以上前に、テレビか雑誌か何かで「現代仏壇」のことを知り、斬新かついまの時代をとらえたコンセプトだと感心し、記憶に残っていたのだった。

「現代仏壇」は、モダンなデザインもさることながら、仏壇の概念を捉え直したことがヒットの大きな理由であった。仏壇は本来、仏さまをおまつりするためのものだったが、現代仏壇は「お位牌の御安置場所」と捉えた。この発想を神棚に置き換えて「神棚はお札の収納スペース」という考えにつながったのである。

杉本社長はすぐにピンときたようである。面談では、できるだけ相談内容と似たような事例を選んで説明するようにしている。相手にイメージがつきやすく、伝えたいことが素速く、そして深く理解してもらえるからだ。

私は話しながらネーミングまでひらめいた。「モダン神棚、というのはどうでしょう？」

そして商品化された「モダン神棚」は、洋風にもマッチするシンプルでモダンなデザイン。楽天市場で発売するなりヒット商品となり２０１３年３月から1年間の売上は前年比40％アップを記録。若い層にも受けて販路拡大にもつながった。

## コンサルティングのポイント

### ①商品価値を大きく転換すること

今回のケースでは、神棚という日本の伝統ともいえるものを、従来の神様をまつるものから、お札の収納スペースに捉え直すという、大胆な商品価値の転換を行った。このように、モノの性格を大きく変えるようなサポートを行う場合、単なる思いつきやイメージだけではリスクが高すぎる。失敗したときのダメージが大きいからだ。

こうしたケースでは、私が類似業種である仏壇のトレンドを参考にしたように、かならずビジネス的な裏付けが必要である。

たとえば、全国の経営難に陥った旅館やホテルを見事に再生させ成功している星野リゾート。同社は、これまでの宿泊客の主体だった中高年の男性から、ターゲットを30代、40代の女性に絞った。「今、この時代に、いちばんお金を使ってくれる層は誰なのか？」そう考えた結果のターゲット層の転換であった。

調べたわけではないが、彼らは綿密なマーケティング調査を行い、確信を持ってターゲット層を30代40代の女性に絞ったはずだ。つまり、ビジネス的裏付けとは、消費者ニーズを正確につかむということなのである。

**②誰が何のためにどんな場面で使うのか？**

また、今回のコンサルティングは、モノ、サービスの本質を問い直す作業でもあった。「神棚は何のためのものなのか」を時代と照らし合わせ、改めて考えたとき、現代では神様をまつる需要より、置き場所に困っているであろうお札の収納スペースと捉え直すほうが現実的だと考えたのである。

このように、支援策を考えるときは「このモノ、サービスの本質は何か？　誰がどんな場面で利用するのだろう」と考えることが重要である。

私の場合、使われるシーン、買われる場面を画像としてとらえることが多い。今回は、自分の家のなかのことを考えた。ありがたいことに、私の活動を応援してくださる方から神社の商売繁盛祈願のお札をいただくことがある。わが家は洋室主体なので、いただいたお札に見合う場所がない。仕方なしに棚の上に飾ってあるのだが、それを思い出したことがきっかけで、神棚とお札がつながった。

「このモノ、サービスは誰がどんな場面で使うのだろう？」とイメージすると、効果的なアイディアが浮かびやすい。

※本章は、『近代セールス』２０１４年１月～12月号（近代セールス社）の連載をまとめ、加筆修正したものです。

# おわりに

銀行員時代、静岡県が設置した創業支援施設「ＳＯＨＯしずおか」に出向していたときのこと。講演で、地域の中小零細企業を活性化させ、新しいチャレンジャーを増やすことの重要性を説いたところ、とある市役所の職員から「小さな会社を支援したり起業を応援したりして、産業全体に何のメリットがあるのか」と問われた。２００６年のことである。言葉は悪いが、ぶち切れた。約20分、反論しつづけた。地域経済の活性化に必要なのは前向きに取り組む事業者、チャレンジャーたちであり、チャレンジャーの象徴が起業家なのだ、と。

この国の99・７％は中小企業であり、なかでも従業員20人未満の小さな会社が87％を占めている。地方の経済を支えているのは、こうした「小さな会社」なのだ。

これまで述べてきたとおり、彼らの「売上を増やす」ことによってのみしか、疲弊した地方を活性化する手だてはない。

現政権が「地方創生」を政策の重点課題とする以前から、国は地方に莫大な予算を投じて「活性化」「再生」に取り組んできた。しかし、地方の疲弊は悪化の一途をたどるばかり。地域に根ざして頑張っている小さな会社や、起業をめざすチャレンジャーを十分に支援してこなかった結果としか言いようがない。

日本は今後ますます、人口減少、高齢化、都市一極集中に加え、大企業の海外進出や国内拠点の閉鎖・再編がすすむだろう。そうした構造変化に「地方消滅」の危機感を抱く自治体も出てきている。

今こそ、地方の小さな会社の「稼ぐ力」を掘り起こすべきだ。

本書では、中小企業・小規模事業主の経営をサポートしつづけている現場から、その方策を余すところなく開示した。私が産業支援に取り組んできた15年の集大成ともいえる。

ここ数年、「地域を元気にしたい」と地元の企業支援に取り組む人が増えてきた。f-Bizの手法を学びたいと各地からの依頼も多い。非常に頼もしいことだ。

自分たちのまちを元気にできるかどうかは、

「どんな企業、どんな人にもかならずオンリーワンがある」

そう信じて、結果が出るまでとことん向き合うことができるかどうかにかかっている。

志と情熱ある小さな会社、起業家をともに支えていける同志が、この国にひとりでも多く増えることを願っている。

■著者

## 小出　宗昭（こいで　むねあき）

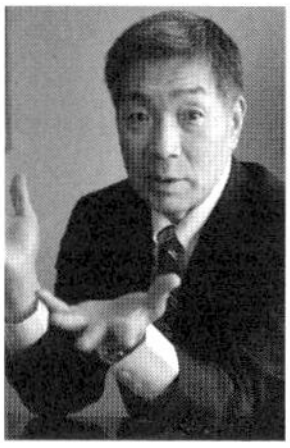

富士市産業支援センターf-Biz センター長
59年生まれ。法政大学経営学部卒業後（株）静岡銀行に入行。M&A担当などを経て、01年 創業支援施設SOHOしずおかへ出向、インキュベーションマネージャーに就任。起業家の創出と地域産業活性化に向けた支援活動が高く評価され、Japan Venture Award 2005（主催：中小企業庁）経済産業大臣表彰を受賞した。
08年 静岡銀行を退職し（株）イドムを創業。富士市産業支援センターf-Biz（エフビズ）の運営を受託、センター長に就任し現在に至る。
静岡県内でも産業構造の違う3都市で計4か所の産業支援施設の開設と運営に携わり、これまでに1,300件以上の新規ビジネス立ち上げを手掛けた。そうした実績と支援ノウハウをベースに運営しているエフビズは、国の産業支援拠点「よろず支援拠点」や愛知県岡崎市のOKa-Biz、広島県福山市のFuku-Biz、熊本県天草市のAma-biZなど各地の地方自治体が展開する○○-Bizの原点となるモデルでもある。

著書
『あなたの起業成功させます　創業支援施設「SOHOしずおか」の起業マネージャー奮闘記』（サイビズ）
『カリスマ支援家「小出宗昭」が教える100戦100勝の事業サポート術』（近代セールス社）
『次から次と成功する起業相談所　人も企業も地域も生き返らせます！』（亜紀書房）
『小出流ビジネスコンサルティング　日本を元気にする切り札がここにある！』（近代セールス社）

2016年２月24日　第１刷発行
2019年４月３日　第３刷発行

地元の小さな会社から「稼ぐ力」を掘り起こす
ワンストップ・コンサルティングの実践

著　者　小　出　宗　昭
発行者　脇　坂　康　弘

発行所　株式会社　同友館
東京都文京区本郷3-38-1
郵便番号　113-0033
電話　03(3813)3966
FAX　03(3818)2774
https://www.doyukan.co.jp/

落丁・乱丁本はお取替えいたします。
一誠堂株式会社／松村製本所
ISBN 978-4-496-05185-2
Printed in Japan